KB188936

지혜로운 자녀로 기르는 잠언 기도문

지혜로운 자녀로 기르는 잠언 기도문

지은이 | 황숙영
초판 발행 | 2024. 12. 18
등록번호 | 제1988-000080호
등록된 곳 | 서울특별시 용산구 서빙고로65길 38 두란노빌딩
발행처 | 사단법인 두란노서원
영업부 | 2078-3333 FAX | 080-749-3705
출판부 | 2078-3331

책 값은 뒤표지에 있습니다.
ISBN 978-89-531-4994-6   03230

독자의 의견을 기다립니다.
tpress@duranno.com www.duranno.com

두란노서원은 바울 사도가 3차 전도여행 때 에베소에서 성령 받은 제자들을 따로 세워 하나님의 말씀으로 양육하던 장소입니다. 사도행전 19장 8-20절의 정신에 따라 첫째 목회자를 돕는 사역과 평신도를 훈련시키는 사역, 둘째 세계선교(TIM)와 문서선교(단행본·잡지) 사역, 셋째 예수문화 및 경배와 찬양 사역, 그리고 가정·상담 사역 등을 감당하고 있습니다. 1980년 12월 22일에 창립된 두란노서원은 주님 오실 때까지 이 사역들을 계속할 것입니다.

지혜로운 자녀로 기르는

잠언 기도문

황숙영

두란노

머리말

잠언은 우리에게 지혜와 명철을 심어주는 보배로운 말씀입니다. 어릴 때부터 매일 그 날짜에 해당하는 장을 한 장씩 읽으면 좋다는 말을 들었습니다. 그 말이 뇌리에 박혀서인지 2013년부터 수영로교회의 '기도하는 엄마들(Moms In Prayer, 이하 MIP)'과 함께 잠언으로 기도를 해 왔습니다. 매일 말씀을 한 구절과 자녀를 위한 기도문을 공유하고 함께 기도하였는데, 이 기도가 '한국 기도하는 엄마들(MIP KOREA)'의 각 지역 총무단으로 확산되고, 그 주변의 다른 엄마들에게까지 전달되었습니다. 기도에 동참하는 엄마들이 점점 늘어났습니다. "자녀의 이름을 넣어 기도하는 것이 너무 힘이 되고 좋아서 또 다른 엄마들에게 전달한다", "가족 단톡방에 올려 자녀를 축복하며 함께 기도한다" 등 많은 소식이 들려왔습니다. 이렇게 십 년이 넘도록 엄마들과 함께 기도해 오면서 우리 안에 많은 간증도 생겼습니다.

먼저는 잠언을 매일 읽고 묵상하는 제가 가장 큰 은혜와 도전을 받았습니다. 둘째는 자녀들보다 함께 기도하는 엄마들에게 먼저 변화가 일어났습니다. 아침에 기도한 말씀이 떠올라서 이전과 달리 자녀에게 건네는 말 한마디나 바라보는 눈빛도 신경을 쓰게 되었고, 매사 조급하고 미련하던 행동이 조금씩 줄었으며, 자녀의 현재 모습에 일희일비하던 엄마에서 자녀의 존재로 감사하는 엄마로 삶의 태도가 바뀌었습니다. 더 나아가 이 땅의 자녀 세대를 위한 기도로 확장이 되었습니다.

그동안 우리 안에서만 해 왔던 잠언 기도를 이 땅의 모든 엄마가 함께할 수 있으면 좋겠다는 마음으로 책을 내게 되었습니다. 지금 우리 자녀들에게는 기도가 필요합니다. 세상은 너무도 혼란하고 어둡고 춥습니다. 우리 자녀들을 말씀으로 먹이고, 기도로 옷 입혀서 세상에 내보내야 합니다. 그러지 않으면 세속의 물결에 휩쓸리거나 길을 잃어버리기가 너무나 쉽습니다.

이 책은 '한국 기도하는 엄마들(MIP KOREA)'의 기도 방식을 따라 기도합니다. 자기 생각이나 소원이 아닌, 하나님의 말씀을 묵상하고 그 내용을 따라 기도하는 것입니다. 이것이 'MIP식 말씀 기도'입니다. 하나님의 말씀에 근거하여 기도하면, 우리의 기도가 하나님의 마음과 온전하신 뜻을 따라 간구하는 것이 되어 반드시 응답받고 능력이 나타납니다. 무엇보다 말씀 기도는 영적 전쟁에서 우리를 승리로 이끌어 주는 강력한 무기(엡 6:17)입니다.

이 책이 이 땅의 모든 엄마의 손에 들리어 자녀 세대를 품고 함께 기도하는 일에 쓰이길, 엄마들이 말씀으로 기도하는 법을 배우고 기도의 능력을 맛보아 알게 되길, 자녀의 현재 모습에 낙심하기보다 신실하신 하나님의 말씀을 붙들고 더욱 적극적으로 기도함으로 응답하시는 하나님을 깊이 경험하길 기도합니다. 하나님이 말씀으로 기도하는 엄마들의 기도를 들으시고 우리 자녀들을 악하고 음란한 이 세상으로부터 지켜 주실 뿐만 아니라 거룩한 지혜를 주셔서 충만한 복음의 세대로 일으켜 주실 줄 믿습니다.

엄마의 기도가 자녀를 살립니다.
우리가 자녀에게 줄 수 있는 가장 큰 선물은 기도입니다.

우리의 기도를 먹고 자란 자녀들이 그 기도대로 부르신 자리에서 그리스도인으로서 향기를 발하며 하나님 나라를 세워갈 모습을 기대합니다.

2024년 12월
황숙영 사모

엄마의 기도가
자녀를 살립니다.

1월

PROVERBS

JAN 01

다윗의 아들 이스라엘 왕 솔로몬의 잠언이라 … 어리석은 자를 슬기롭게 하며 젊은 자에게 지식과 근신함을 주기 위한 것이니(1:1, 4).

○○(이)가 어리석음을 버리고 참된 지혜를 얻고자 하나님의 말씀을 가까이하게 하소서!
○○(이)가 쾌락과 정욕으로 젊음을 낭비하지 않고 하나님을 아는 지식으로 충만하여 인생의 참 목적을 좇게 하소서!

JAN 02

이는 지혜와 훈계를 알게 하며 명철의 말씀을 깨닫게 하며(1:2).

○○(이)가 하나님의 말씀을 가까이함으로 참 지혜가 무엇인지를 알게 하소서!
○○(이)가 훈계와 명철의 말씀을 깨달아 그대로 행함으로 세상 가운데서 거룩함과 탁월함을 드러내게 하소서!

JAN 03 여호와를 경외하는 것이 지식의 근본이거늘 미련한 자는 지혜와 훈계를 멸시하느니라(1:7).

○○(이)가 여호와를 경외하는 것이 모든 지식의 근본임을 깨닫게 하소서!

○○(이)가 하나님의 지혜와 훈계를 잘 청종하여 그대로 순종하는 지혜의 삶을 살게 하소서!

 JAN 04 내 아들아 네 아비의 훈계를 들으며 네 어미의 법을 떠나지 말라 이는 네 머리의 아름다운 관이요 네 목의 금 사슬이니라(1:8-9).

부모 된 나 ○○(이)가 먼저 자녀 앞에서 주의 훈계와 그 법도를 따라 순종의 본을 보이게 하소서!

그래서 나의 자녀 ○○(이)가 아비의 훈계와 어미의 법을 일평생 붙들고 아름답고 존귀한 인생을 살게 하소서!

JAN 05

이익을 탐하는 모든 자의 길은 다 이러하여 자기의 생명을 잃게 하느니라(1:19).

○○(이)가 눈앞의 이익을 탐하기보다 하나님 안에서 사명을 발견하고 그것을 좇아 살게 하소서!
그래서 영원하신 하나님의 생명과 그 은혜를 풍성히 누리고 나누게 하소서!

JAN 06

나의 책망을 듣고 돌이키라 보라 내가 나의 영을 너희에게 부어 주며 내 말을 너희에게 보이리라(1:23).

○○(이)에게 하나님의 책망을 들을 귀와 즉시로 돌이킬 마음을 부어 주소서!
즉각적인 회개로 용서의 은혜를 누리며 성령을 부어 주심으로 하나님의 말씀을 깨닫게 하소서!

JAN 07

대저 너희가 지식을 미워하며 여호와 경외하기를 즐거워하지 아니하며 나의 교훈을 받지 아니하고 나의 모든 책망을 업신여겼음이니라 그러므로 자기 행위의 열매를 먹으며 자기 꾀에 배부르리라(1:29-31).

○○(이)가 여호와를 아는 지식을 소중히 여기며 여호와 경외하기를 즐거워함으로 그 교훈과 책망대로 따르게 하소서!

연약하기 그지없는 자신을 의지하거나 자기 꾀로 살려고 할 때마다 주님이 즉시 가르치시며 책망해 주소서!

JAN 08

네 귀를 지혜에 기울이며 네 마음을 명철에 두며(2:2).

○○(이)가 세상의 소리보다 참 지혜이신 하나님의 말씀에 귀 기울이게 하소서!

그래서 하나님 주시는 명철로 이 세상 가운데서 승리하게 하소서!

JAN 09

대저 여호와는 지혜를 주시며 지식과 명철을 그 입에서 내심이며(2:6).

○○(이)가 세상의 헛된 지식이 아닌 참 지혜시며 우리에게 지혜를 주시는 하나님을 매 순간 만나도록 인도해 주소서!
○○(이)가 주의 입에서 나오는 지식과 명철로 가득하여 세상을 살리는 자로 쓰임 받게 하소서!

JAN 10

그는 정직한 자를 위하여 완전한 지혜를 예비하시며 행실이 온전한 자에게 방패가 되시나니(2:7).

하나님 앞에서 정직하며 그 예비하신 완전한 지혜로 세상을 이기는 ○○(이)가 되게 하소서!
또한 하나님의 말씀이 기준이 된 온전한 행실로 방패이신 하나님의 보호하심 속에 살게 하소서!

JAN 11

대저 그는 정의의 길을 보호하시며 그의 성도들의 길을 보전하려 하심이니라 그런즉 네가 공의와 정의와 정직 곧 모든 선한 길을 깨달을 것이라(2:8-9).

○○(이)가 정의의 길을 보호하시며 성도들의 길을 지키려 하시는 하나님을 언제나 신뢰하게 하소서!
그래서 공의와 정의와 정직이 무엇이며, 무엇이 선한 길인지를 깨달아 그 길로만 나아가게 하소서!

JAN 12

근신이 너를 지키며 명철이 너를 보호하여(2:11).

○○(이)가 분별력을 가지고 매사에 신중함으로 죄악 된 길을 피하게 하소서!
또한 말씀을 통해 얻는 명철함으로 악한 계획이나 행동을 멀리하고 선한 길을 걷게 하소서!

JAN 13

지혜가 또 너를 음녀에게서, 말로 호리는 이방 계집에게서 구원하리니 그는 젊은 시절의 짝을 버리며 그의 하나님의 언약을 잊어버린 자라(2:16-17).

○○(이)가 참 지혜의 말씀 따라 행함으로 세상의 음란함과 유혹에 빠지지 않게 하소서!
사람과의 약속도, 하나님 앞에서 맺은 언약도 쉽게 저버리거나 잊어버리지 않는 신실한 믿음의 사람 되게 하소서!

JAN 14

지혜가 너를 선한 자의 길로 행하게 하며 또 의인의 길을 지키게 하리니(2:20).

○○(이)가 죄성을 거부하고 선한 길로 행하게 하시는 지혜의 말씀 따라 나아가게 하소서!
주님이 보이신 의의 길을 좇아 행하며 불의한 세상을 밝히는 사명자 되게 하소서!

JAN 15

대저 정직한 자는 땅에 거하며 완전한 자는 땅에 남아 있으리라 그러나 악인은 땅에서 끊어지겠고 간사한 자는 땅에서 뽑히리라(2:21-22).

○○(이)가 주 앞에서 정직하고 온전히 순종하는 삶을 살게 하소서!
그래서 이 땅에 사는 날 동안 주의 보호하심과 베푸시는 은혜를 받아 누리게 하소서!

JAN 16

내 아들아 나의 법을 잊어버리지 말고 네 마음으로 나의 명령을 지키라 그리하면 그것이 네가 장수하여 많은 해를 누리게 하며 평강을 더하게 하리라(3:1-2).

○○(이)가 하나님의 말씀을 즐거워하여 주야로 묵상하며 지켜 행하는 자가 되게 하소서!
그리하여 하나님 약속하신 장수의 복과 은혜와 평강을 누리는 복된 삶 살게 하소서!

JAN 17

인자와 진리가 네게서 떠나지 말게 하고 그것을 네 목에 매며 네 마음판에 새기라 그리하면 네가 하나님과 사람 앞에서 은총과 귀중히 여김을 받으리라(3:3-4).

○○(이)가 사랑과 진리의 복음 안에 거하며 일평생 복음의 정신으로 살게 하소서!
그래서 하나님과 사람 앞에서 은총과 귀중히 여김을 받으며 복음으로 세상을 변화시키는 자가 되게 하소서!

JAN 18

너는 마음을 다하여 여호와를 신뢰하고 네 명철을 의지하지 말라 너는 범사에 그를 인정하라 그리하면 네 길을 지도하시리라(3:5-6).

○○(이)가 마음을 다하여 여호와 하나님을 신뢰하고 자기의 명철을 의지하지 않게 하소서!
범사에 그를 인정함으로 자기 길을 지도하시는 하나님께 묻고 행하여 앞으로의 삶을 잘 준비하게 하소서!

JAN 19

네 재물과 네 소산물의 처음 익은 열매로 여호와를 공경하라 그리하면 네 창고가 가득히 차고 네 포도즙 틀에 새 포도즙이 넘치리라(3:9-10).

○○(이)가 모든 것이 다 주께로부터 온 것임을 기억하여 그 받은 중 첫 것과 온전한 십일조로 하나님을 기쁘시게 해드리게 하소서!
하나님을 늘 최우선 자리에 모시고 살아서 하나님이 채워 주시는 풍성함을 누리게 하소서!

JAN 20

내 아들아 여호와의 징계를 경히 여기지 말라 그 꾸지람을 싫어하지 말라(3:11).

○○(이)가 하나님의 징계를 온전한 길로 인도하시는 하나님의 따뜻한 사랑으로 인식하게 하소서!
그래서 그 꾸지람을 감사함으로 겸손히 받고 순복하여 변화와 성숙으로 나아가게 하소서!

JAN 21

지혜를 얻은 자와 명철을 얻은 자는 복이 있나니 이는 지혜를 얻는 것이 은을 얻는 것보다 낫고 그 이익이 정금보다 나음이니라(3:13-14).

○○(이)가 지혜의 근원이신 하나님 안에 거함으로 그 지혜와 명철을 덧입는 복된 자 되게 하소서!
세상의 물질적 가치관에 얽매여 일시적 만족을 주는 은과 금을 구하기보다 영원한 만족과 부요함을 추구하는 가치 있는 삶을 살게 하소서!

JAN 22

여호와께서는 지혜로 땅에 터를 놓으셨으며 명철로 하늘을 견고히 세우셨고 그의 지식으로 깊은 바다를 갈라지게 하셨으며 공중에서 이슬이 내리게 하셨느니라(3:19-20).

○○(이)가 지혜와 명철의 근원이신 하나님이 땅과 하늘과 바다, 온 우주 만물을 창조하시고 다스리신다는 부인할 수 없는 진리를 인정하고 확신하게 하소서!
이것을 거부하는 세상 이론을 따르는 자들에게 살아계신 하나님을 담대히 증거하게 하소서!

JAN 23

내 아들아 완전한 지혜와 근신을 지키고 이것들이 네 눈앞에서 떠나지 말게 하라 그리하면 그것이 네 영혼의 생명이 되며 네 목에 장식이 되리니(3:21-22).

○○(이)가 하나님의 말씀을 매일 읽고 묵상하는 삶을 살며 온전한 지혜와 분별력을 갖게 하소서!
그리하여 ○○(이)의 영혼이 항상 생명력으로 풍성하고 매일의 삶도 풍성하게 하소서!

JAN 24

너는 갑작스러운 두려움도 악인에게 닥치는 멸망도 두려워하지 말라 대저 여호와는 네가 의지할 이시니라 네 발을 지켜 걸리지 않게 하시리라(3:25-26).

갑자기 닥쳐오는 재앙도, 악인에게 닥칠 멸망도 두려워하지 않는 ○○(이)가 되게 하소서!
○○(이)와 함께하사 ○○(이)의 발을 지켜 걸리지 않게 하시는 여호와 하나님을 항상 의지하게 하소서!

JAN 25

네 손이 선을 베풀 힘이 있거든 마땅히 받을 자에게 베풀기를 아끼지 말며 네게 있거든 이웃에게 이르기를 갔다가 다시 오라 내일 주겠노라 하지 말며(3:27-28).

○○(이)의 손에 베풀 힘이 있도록 ○○(이)의 생각과 마음과 영혼을 부요케 하옵소서!

이기심을 버리고 마땅히 베풀어야 할 이웃에게 아낌없이 베푸는 삶을 살게 하소서!

JAN 26

네 이웃이 네 곁에서 평안히 살거든 그를 해하려고 꾀하지 말며 사람이 네게 악을 행하지 아니하였거든 까닭 없이 더불어 다투지 말며 (3:29-30).

묻지마 폭행, 살인 등 악의 모든 위협과 공격으로부터 ○○(이)를 세밀히 보호해 주소서!

악이 악을 낳고, 서로 다투며 더 악해져 가는 세상의 구조악으로부터 ○○(이)를 늘 지켜 주소서!

JAN 27

대저 패역한 자는 여호와께서 미워하시나 정직한 자에게는 그의 교통하심이 있으며 악인의 집에는 여호와의 저주가 있거니와 의인의 집에는 복이 있느니라(3:32-33).

○○(이)가 하나님이 미워하시는 패역한 자와는 가까이도 말게 하시고 정직한 자와 동행하며 하나님의 함께 하심의 복을 누리게 하소서!
○○(이)가 의를 따라 행하며 자자손손 하나님이 주시는 복을 누리는 믿음의 가문을 이루게 하소서!

JAN 28

진실로 그는 거만한 자를 비웃으시며 겸손한 자에게 은혜를 베푸시나니 지혜로운 자는 영광을 기업으로 받거니와 미련한 자의 영달함은 수치가 되느니라(3:34-35).

○○(이)가 스스로 잘난 체하지 않고 겸손히 말하고 행동하는 지혜로운 자가 되도록 도와주소서!
겸손한 자에게 베푸시는 하나님의 은혜 안에서 갈수록 영광스러운 삶을 살게 하소서!

JAN
29

내가 선한 도리를 너희에게 전하노니 내 법을 떠나지 말라(4:2).

부모로서 ○○(이)에게 믿음의 본을 보이며 믿음의 선한 도리를 가르쳐 순종의 삶을 살도록 이끌게 하소서!
○○(이)가 세상의 수많은 사상, 철학, 헛된 종교에 마음을 뺏기지 않고 오직 말씀을 붙들고 살아 온전한 신앙 계승이 이루어지게 하소서!

JAN
30

아버지가 내게 가르쳐 이르기를 내 말을 네 마음에 두라 내 명령을 지키라 그리하면 살리라(4:4).

가정 안에서 ○○(이)가 아버지와 서로 잘 소통하며 친밀함을 유지하게 하소서!
○○(이)가 아버지의 가르침을 마음에 새겨 순종함으로 생명력으로 충만하게 하소서!

JAN 31 지혜를 버리지 말라 그가 너를 보호하리라 그를 사랑하라 그가 너를 지키리라(4:6).

○○(이)가 참 지혜이신 예수 그리스도를 인격적으로 만나고 그의 사랑을 깊이 체험하게 하소서!
눈에 보이는 세상의 것들에 현혹되지 않고 오직 주를 사랑함으로 ○○(이)의 영혼이 안전하고 견고하게 하소서!

2월

PROVERBS

FEB 01

그를 높이라 그리하면 그가 너를 높이 들리라 만일 그를 품으면 그가 너를 영화롭게 하리라 그가 아름다운 관을 네 머리에 두겠고 영화로운 면류관을 네게 주리라 하셨느니라(4:8-9).

○○(이)가 시선을 하나님께 두고 그 생각과 마음과 언어와 행동이 하나님 보시기에 겸손하게 하소서!
하나님만 생각하고, 하나님의 뜻대로 행하며, 오직 하나님만 높임으로 하나님이 약속하신 영화롭고 아름다운 인생을 살게 하소서!

FEB 02

내 아들아 들으라 내 말을 받으라 그리하면 네 생명의 해가 길리라(4:10).

○○(이)에게 들을 귀를 주사 말씀을 잘 듣고 제대로 순종하게 하소서!
그래서 순종하는 자에게 약속하신 장수의 복을 누리게 하소서!

FEB 03

내가 지혜로운 길을 네게 가르쳤으며 정직한 길로 너를 인도하였은즉 다닐 때에 네 걸음이 곤고하지 아니하겠고 달려갈 때에 실족하지 아니하리라(4:11-12).

○○(이)가 아무리 힘들고 어려워도 하나님이 가르쳐 주시고 인도해 주시는 지혜롭고 정직한 길을 따르게 하소서!
그래서 걸어도 곤고하지 않고 뛰어도 실족함 없는 형통한 삶을 살게 하소서!

FEB 04

훈계를 굳게 잡아 놓치지 말고 지키라 이것이 네 생명이니라(4:13).

○○(이)가 하나님의 말씀의 훈계를 달게 받고 굳게 잡아 놓치지 않게 하소서!
하나님의 말씀이 곧 생명임을 알아 그 어떤 것과도 바꾸지 않게 하소서!

FEB 05

사악한 자의 길에 들어가지 말며 악인의 길로 다니지 말지어다 그의 길을 피하고 지나가지 말며 돌이켜 떠나갈지어다(4:14-15).

○○(이)의 발을 강력히 붙드사 악에 기웃거리지도 그 길로 다니지도 말게 하소서!
악을 피하고 돌이켜 멀리함으로 항상 주 앞에서 거룩하고 선한 삶을 살게 하소서!

FEB 06

의인의 길은 돋는 햇살 같아서 크게 빛나 한낮의 광명에 이르거니와 악인의 길은 어둠 같아서 그가 걸려 넘어져도 그것이 무엇인지 깨닫지 못하느니라(4:18-19).

○○(이)가 세상과 타협하지 않고 의의 길로 나아가 한낮의 광명한 빛처럼 빛나게 하소서!
걸려 넘어져도 깨닫지 못하는 어둠의 길을 멀리하고 의의 말씀을 따라 걷게 하소서!

FEB
07

내 아들아 내 말에 주의하며 내가 말하는 것에 네 귀를 기울이라 그것을 네 눈에서 떠나게 하지 말며 네 마음속에 지키라 그것은 얻는 자에게 생명이 되며 그의 온 육체의 건강이 됨이니라 (4:20-22).

○○(이)가 주의 말씀을 주의하여 듣고 그 말씀을 눈앞에서 멀리하지 않는 말씀 중심의 삶을 살게 하소서!
말씀을 통해 주시는 생명력으로 충만하여 온 육체와 심령이 강건한 자가 되게 하소서!

FEB
08

모든 지킬 만한 것 중에 더욱 네 마음을 지키라 생명의 근원이 이에서 남이니라(4:23).

○○(이)가 좋은 생각, 긍정적인 생각, 믿음의 생각으로 마음 관리를 잘하게 하소서!
그래서 어딜 가나 사람을 일으키고 살리는, 생명을 흘려보내는 자가 되게 하소서!

네 눈은 바로 보며 네 눈꺼풀은 네 앞을 곧게 살펴 네 발이 행할 길을 평탄하게 하며 네 모든 길을 든든히 하라 좌로나 우로나 치우치지 말고 네 발을 악에서 떠나게 하라(4:25-27).

○○(이)가 자신이 나아갈 바를 바로 보며 상황을 제대로 판단하고 살필 줄 아는 눈을 갖게 하소서!
그리하여 좌로나 우로나 치우치지 않고 평탄하고 든든한 길로 나아가 목적한 바를 성취하게 하소서!

내 아들아 내 지혜에 주의하며 내 명철에 네 귀를 기울여서 근신을 지키며 네 입술로 지식을 지키도록 하라(5:1-2).

○○(이)가 지혜와 명철이 가득한 하나님의 말씀에 마음을 쏟고 귀 기울이게 하소서!
매사에 신중하여 믿음 안에서 마땅히 할 바를 행하되 무엇보다 그 입에서 하나님이 기뻐하시는 말을 하게 하소서!

FEB 11

그의 발은 사지로 내려가며 그의 걸음은 스올로 나아가나니 그는 생명의 평탄한 길을 찾지 못하며 자기 길이 든든하지 못하여도 그것을 깨닫지 못하느니라(5:5-6).

음란과 정욕은 우리를 죽음으로, 무덤으로 이끄는 무서운 길임을 ○○(이)가 분명히 알게 하소서!
자기도 모르게 생명의 길을 떠나 어둡고 불안하고 위태한 길로 들어서는 일이 없도록 ○○(이)의 영, 혼, 육을 매 순간 붙들어 주소서!

FEB 12

그런즉 아들들아 나에게 들으며 내 입의 말을 버리지 말고 네 길을 그에게서 멀리 하라 그의 집 문에도 가까이 가지 말라(5:7-8).

○○(이)가 하나님의 말씀을 귀 기울여 듣고 그대로 지키며 살게 하소서!
또한 세상의 쾌락과 음란, 죄악의 길을 조금도 기웃거리지 않고 온전히 구별되고 거룩한 삶을 살도록 도와주소서!

두렵건대 마지막에 이르러 네 몸, 네 육체가 쇠약할 때에 네가 한탄하여 말하기를 내가 어찌하여 훈계를 싫어하며 내 마음이 꾸지람을 가벼이 여기고 내 선생의 목소리를 청종하지 아니하며 나를 가르치는 이에게 귀를 기울이지 아니하였던고 많은 무리들이 모인 중에서 큰 악에 빠지게 되었노라 하게 될까 염려하노라 (5:11-14).

○○(이)가 인생의 마지막에 이르러 육체의 쇠약함으로 인해 후회하거나 한탄하지 않도록 오늘 거룩을 따라 행하게 하소서!
좋은 선생님, 좋은 멘토를 만나게 하사 위기의 순간마다 저들의 훈계와 꾸지람을 겸손히 청종함으로 악에서 승리하는 인생을 살게 하소서!

너는 네 우물에서 물을 마시며 네 샘에서 흐르는 물을 마시라 어찌하여 네 샘물을 집 밖으로 넘치게 하며 네 도랑물을 거리로 흘러가게 하겠느냐 그 물이 네게만 있게 하고 타인과 더불어 그것을 나누지 말라(5:15-17).

○○(이)의 가정이 음란하고 악한 세상에서 정결하고 아름다운 부부로, 온전한 믿음의 가정으로 선한 모범이 되게 하소서!
부부가 가정 중심의 삶을 살며 가정을 견고히 세움으로 부부의 행복이 자녀들에게로 흘러가 자녀들이 그 사랑 안에서 보호받으며 정결하고 안정되게 자라게 하소서!

대저 사람의 길은 여호와의 눈앞에 있나니 그가 그 사람의 모든 길을 평탄하게 하시느니라(5:21).

○○(이)가 매 순간 자신이 여호와 하나님의 눈앞에 서 있음을 기억하게 하소서!
오직 자기의 모든 길과 걸음을 살피시는 하나님의 뜻을 좇아 거룩한 길로만 걷게 하소서!

FEB 16

악인은 자기의 악에 걸리며 그 죄의 줄에 매이나니 그는 훈계를 받지 아니함으로 말미암아 죽겠고 심히 미련함으로 말미암아 혼미하게 되느니라(5:22-23).

○○(이)가 자만하지 않고 날마다 말씀 앞에서 기도로 깨어 있어서 자기의 욕망을 쳐 복종시키는 훈련을 멈추지 않게 하소서!
그래서 욕망을 좇다가 자기 죄악에 걸려 넘어지고 일평생 죽음의 길에서 방황하는 미련한 악인의 삶과 상관없는 인생을 살게 하소서!

FEB 17

내 아들아 네가 만일 이웃을 위하여 담보하며 타인을 위하여 보증하였으면 네 입의 말로 네가 얽혔으며 네 입의 말로 인하여 잡히게 되었느니라(6:1-2).

○○(이)가 이웃을 위한 담보나 타인을 위한 보증처럼 자신이 끝까지 책임질 수 없는 일을 처음부터 하지 않게 하소서!
매사에 분별력과 지혜를 가지고 입의 말로 인해 얽히고 책잡히는 일이 없도록 보호해 주소서!

FEB
18

게으른 자여 개미에게 가서 그가 하는 것을 보고 지혜를 얻으라 개미는 두령도 없고 감독자도 없고 통치자도 없으되 먹을 것을 여름 동안에 예비하며 추수 때에 양식을 모으느니라 (6:6-8).

○○(이)가 작고 사소한 것이라도 무시하거나 그냥 넘기지 않고 그것을 통해 깨달음과 지혜를 얻을 수 있게 도와주소서!

눈앞의 것만 생각하기보다 미래를 계획하며 주님 주시는 지혜로 현재를 충실히 사는 ○○(이)가 되게 하소서!

FEB
19

게으른 자여 네가 어느 때까지 누워 있겠느냐 네가 어느 때에 잠이 깨어 일어나겠느냐 좀더 자자, 좀더 졸자, 손을 모으고 좀더 누워 있자 하면 네 빈궁이 강도 같이 오며 네 곤핍이 군사 같이 이르리라(6:9-11).

○○(이)가 게으름에 빠지지 않고 영혼의 성장과 성숙을 위해 달음질하게 하소서!

새벽을 깨우는 말씀과 기도의 사람 되어 하나님 나라를 확장해 나가게 하소서!

FEB 20

불량하고 악한 자는 구부러진 말을 하고 다니며 눈짓을 하며 발로 뜻을 보이며 손가락질을 하며(6:12-13).

불량한 언행을 멀리하고 바르고 진실한 언행으로 그리스도인으로서 본이 되는 ○○(이)가 되게 하소서!
○○(이)가 악한 의도가 들어간 비인격적인 행동들을 매 순간 경계하고 멀리하도록 도와주소서!

FEB 21

내 아들아 네 아비의 명령을 지키며 네 어미의 법을 떠나지 말고 그것을 항상 네 마음에 새기며 네 목에 매라(6:20-21).

주 안에서 지키고 따를 아비의 명령과 어미의 법이 살아 있는 우리 가정이 되게 하소서!
○○(이)가 부모의 명령과 훈계를 마음에 새겨 그대로 순종하며 일평생 믿음의 길을 걷게 하소서!

FEB
22

대저 명령은 등불이요 법은 빛이요 훈계의 책 망은 곧 생명의 길이라 이것이 너를 지켜 악한 여인에게, 이방 여인의 혀로 호리는 말에 빠지지 않게 하리라(6:23-24).

○○(이)가 주의 말씀을 마음에 담아 매일 매 순간 빛과 생명의 길로만 나아가게 하소서!

○○(이)가 악하고 음란한 세상의 온갖 유혹으로부터 자신을 지켜 주는 진리의 말씀을 사모하며 그 말씀대로 살기를 힘씀으로 조금도 어그러짐 없이 온전한 삶을 살게 하소서!

FEB
23

사람이 불을 품에 품고서야 어찌 그의 옷이 타지 아니하겠으며 사람이 숯불을 밟고서야 어찌 그의 발이 데지 아니하겠느냐(6:27-28).

○○(이)가 잠시 잠깐의 쾌락과 세상 즐거움에 마음을 빼앗기지 않게 하소서!

그것이 자신을 해치고 상하게 하는 강력한 죽음의 유혹임을 깨달아 단호히 물리치고 멀리하게 하소서!

FEB 24

내 아들아 내 말을 지키며 내 계명을 간직하라 내 계명을 지켜 살며 내 법을 네 눈동자처럼 지키라(7:1-2).

○○(이)가 매일 하나님의 말씀을 가까이하여 지키며 마음에 두기를 힘쓰게 하소서!
그 무엇보다 하나님의 말씀을 가장 귀중히 여겨 그대로 지키기에 힘쓰는 거룩한 ○○(이)가 되게 하소서!

FEB 25

지혜에게 너는 내 누이라 하며 명철에게 너는 내 친족이라 하라 그리하면 이것이 너를 지켜서 음녀에게, 말로 호리는 이방 여인에게 빠지지 않게 하리라(7:4-5).

말씀 안에서 주어지는 선한 지혜와 명철을 사모하는 ○○(이)가 되게 하소서!
그 지혜와 명철의 말씀으로 모든 음란한 것과 유혹으로부터 자신을 지키게 하소서!

FEB 26

내가 내 집 들창으로, 살창으로 내다 보다가 어리석은 자 중에, 젊은이 가운데에 한 지혜 없는 자를 보았노라 그가 거리를 지나 음녀의 골목 모퉁이로 가까이 하여 그의 집쪽으로 가는데 저물 때, 황혼 때, 깊은 밤 흑암 중에라(7:6-9).

○○(이)가 젊음을 낭비하는 어리석은 자들의 틈에 끼지 않도록 예수의 보혈로 덮어 주소서!
이 시대 만연한 음란과 깊은 어둠을 잘 분별할 수 있도록 영안을 여시고 예수의 지혜로 채워 주소서!

FEB 27

그 여인이 그를 붙잡고 그에게 입맞추며 부끄러움을 모르는 얼굴로 그에게 말하되 내가 화목제를 드려 서원한 것을 오늘 갚았노라 이러므로 내가 너를 맞으려고 나와 네 얼굴을 찾다가 너를 만났도다(7:13-15).

○○(이)에게 적극적으로 달려드는 악의 세력을 적극적으로 피할 용기와 담대함을 주소서!
그래서 광명한 천사처럼 가장하여 설득력 있게 호소하는 악의 꾐을 단호히 거절하게 하소서!

여러 가지 고운 말로 유혹하며 입술의 호리는 말로 꾀므로 젊은이가 곧 그를 따랐으니 소가 도수장으로 가는 것 같고 미련한 자가 벌을 받으려고 쇠사슬에 매이러 가는 것과 같도다 필경은 화살이 그 간을 뚫게 되리라 새가 빨리 그물로 들어가되 그의 생명을 잃어버릴 줄을 알지 못함과 같으니라(7:21-23).

○○(이)에게 참과 거짓을 분별할 지혜와 통찰력을 주사 진실치 않은 말들에 조금도 현혹되지 않게 하소서!
미련하여 자기를 죽음으로 내몰고 있는 사람들을 구원의 길로 인도하는 능력 있는 제자의 삶을 사는 ○○(이)가 되게 하소서!

3월

PROVERBS

MAR 01

사람들아 내가 너희를 부르며 내가 인자들에게 소리를 높이노라 어리석은 자들아 너희는 명철할지니라 미련한 자들아 너희는 마음이 밝을지니라(8:4-5).

○○(이)가 간절히 소리 높여 부르시는 하나님의 초대를 거부하지 않고 받아들이게 하소서!
지혜로우신 하나님의 자녀로서 통찰력과 지혜를 갖춘 자로 서게 하소서!

MAR 02

내 입의 말은 다 의로운즉 그 가운데에 굽은 것과 패역한 것이 없나니 이는 다 총명 있는 자가 밝히 아는 바요 지식 얻은 자가 정직하게 여기는 바니라(8:8-9).

○○(이)가 의로운 주의 말씀을 늘 읽고 묵상함으로 굽은 것, 패역한 것을 분별하고 파하는 능력의 일꾼 되게 하소서!
말씀으로부터 지혜와 총명, 지식을 얻어 항상 정직하고 옳은 일을 행하게 하소서!

MAR
03

너희가 은을 받지 말고 나의 훈계를 받으며 정금보다 지식을 얻으라 대저 지혜는 진주보다 나으므로 원하는 모든 것을 이에 비교할 수 없음이니라(8:10-11).

○○(이)가 재물과 보석보다 언제나 하나님의 말씀을 더 사모하게 하소서!

세상이 원하는 그 어떤 것과도 비교할 수 없는 가장 고귀한 이 지혜를 먼저 찾고 얻고 누리며 나누는 복된 인생을 살게 하소서!

MAR
04

내게는 계략과 참 지식이 있으며 나는 명철이라 내게 능력이 있으므로 나로 말미암아 왕들이 치리하며 방백들이 공의를 세우며 나로 말미암아 재상과 존귀한 자 곧 모든 의로운 재판관들이 다스리느니라(8:14-16).

○○(이)에게 하나님의 지혜와 지식, 명철과 능력을 덧입혀 주셔서 세우신 분야에서 탁월함을 드러내게 하소서!

○○(이)에게 좋은 믿음의 동료들, 친구들을 허락하사 사회 각 분야에서 하나님이 주시는 지식과 능력으로 함께 하나님의 공의를 세워가게 하소서!

MAR 05

나를 사랑하는 자들이 나의 사랑을 입으며 나를 간절히 찾는 자가 나를 만날 것이니라(8:17).

○○(이)가 매너리즘에 빠지지 않고 변함없이 하나님을 사랑하여 언제나 하나님의 사랑을 덧입고 살게 하소서! 어릴(젊을) 때부터 하나님을 향한 간절함과 뜨거움을 가지고 하나님과 깊이 교제하며 행복한 신앙생활을 하게 하소서!

MAR 06

부귀가 내게 있고 장구한 재물과 공의도 그러하니라(8:18).

○○(이)가 세상이 추구하는 부와 귀를 좇지 않고 우리를 부하게도, 귀하게도 하시는 분이신 하나님께 오롯이 집중하게 하소서! 그런 ○○(이)에게 이 땅의 재물을 부어 주시고 하나님의 의로 덮어 주셔서 하나님 나라 위해 마음껏 섬기며 하나님의 뜻을 이루게 하소서!

MAR 07

내 열매는 금이나 정금보다 나으며 내 소득은 순은보다 나으니라(8:19).

하나님으로 인해 얻는 열매가 세상 그 어떤 보화보다 더 나음을 일찍부터 깨닫는 지혜를 ○○(이)에게 주옵소서!

하나님의 관점을 취하여 영원한 것을 위해 인생을 투자하게 하는 ○○(이)가 되게 하소서!

MAR 08

나는 정의로운 길로 행하며 공의로운 길 가운데로 다니나니 이는 나를 사랑하는 자가 재물을 얻어서 그 곳간에 채우게 하려 함이니라(8:20-21).

하나님을 사랑함으로 하나님이 행하시며 다니시는 정의와 공의의 길을 따라 함께 걸어가는 ○○(이)가 되게 하소서!

하나님을 사랑하는 자의 곳간에 재물을 채워주시는 하나님을 ○○(이)가 일평생 체험하며 살게 하소서!

MAR 09

아들들아 이제 내게 들으라 내 도를 지키는 자가 복이 있느니라 훈계를 들어서 지혜를 얻으라 그것을 버리지 말라(8:32-33).

○○(이)가 여호와의 말씀을 듣고 그대로 지키는 복이 무엇인지를 세상 가운데 드러내게 하소서!
○○(이)가 일평생 겸손한 마음으로 훈계의 말씀을 듣고 그 지혜의 말씀을 매 순간 붙들게 하소서!

MAR 10

누구든지 내게 들으며 날마다 내 문 곁에서 기다리며 문설주 옆에서 기다리는 자는 복이 있나니 대저 나를 얻는 자는 생명을 얻고 여호와께 은총을 얻을 것임이니라(8:34-35).

○○(이)가 주의 음성 듣기를 사모함으로 말씀이 있는 자리를 적극 찾고 기다리는 자가 되게 하소서!
그래서 험한 세상을 살아갈 힘을 얻고 주의 은총을 덧입어 그 충만한 생명력으로 죽어가는 세상을 살리게 하소서!

MAR 11

지혜가 그의 집을 짓고 일곱 기둥을 다듬고 짐승을 잡으며 포도주를 혼합하여 상을 갖추고 자기의 여종을 보내어 성중 높은 곳에서 불러 이르기를 어리석은 자는 이리로 돌이키라(9:1-4a).

예수 안에 참 지혜가 있음을 깨닫는 은혜를 ○○(이)에게 부어 주소서!
이 최고의 초청 앞에 조금도 망설이지 않고 즉시로 나아가는 ○○(이)가 되게 하소서!

MAR 12

너는 와서 내 식물을 먹으며 내 혼합한 포도주를 마시고 어리석음을 버리고 생명을 얻으라 명철의 길을 행하라 하느니라(9:5-6).

○○(이)가 세상의 온갖 영상물에 마음을 뺏기지 않고 생명을 주시는 주를 더 사랑하고 그와 더불어 먹고 마시는 것을 기쁨으로 여기게 하소서!
일시적인 만족과 기쁨을 추구하지 않고 영원한 생명을 주시는 명철의 길로만 행하게 하소서!

MAR 13

거만한 자를 징계하는 자는 도리어 능욕을 받고 악인을 책망하는 자는 도리어 흠이 잡히느니라(9:7).

○○(이)와 매 순간 함께하사 거만한 자 앞에서 지혜롭게 행할 수 있게 도와주소서!
선악을 잘 분별하여 악인을 멀리하는 삶을 살게 하소서!

MAR 14

거만한 자를 책망하지 말라 그가 너를 미워할까 두려우니라 지혜 있는 자를 책망하라 그가 너를 사랑하리라(9:8).

○○(이)가 자신의 부족함을 깨달아 책망을 성장의 밑거름으로 삼는 지혜를 갖게 하소서!
진실한 충고를 주고받을 수 있는 신실한 친구들과 평생 사랑과 우정을 나누게 하소서!

MAR 15 여호와를 경외하는 것이 지혜의 근본이요 거룩하신 자를 아는 것이 명철이니라(9:10).

○○(이)가 지혜의 근본이신 여호와를 온전히 경외함으로 지혜자의 삶을 살게 하소서!
거룩하신 하나님을 깊이 경험하며 그로부터 오는 선한 명철로 세상을 다스리고 섬기게 하소서!

MAR 16 네가 만일 지혜로우면 그 지혜가 네게 유익할 것이나 네가 만일 거만하면 너 홀로 해를 당하리라(9:12).

○○(이)가 지혜이신 하나님께 묻고 구함으로 그 지혜로 인한 유익을 누리게 하소서!
○○(이)가 거만하지 않고 매사 겸손히 하나님의 지혜를 구하며 공동체 안에서 하나 됨을 이루게 하소서!

MAR 17

오직 그 어리석은 자는 죽은 자들이 거기 있는 것과 그의 객들이 스올 깊은 곳에 있는 것을 알지 못하느니라(9:18).

○○(이)가 세상의 유혹과 정욕을 따라 사는 삶의 결말은 허망함과 죽음뿐임을 알게 하소서!
매일 복음으로 초대하시는 하나님의 사랑과 그 부르심에 답하는 삶으로 영생을 누리고 또 나누게 하소서!

MAR 18

여호와께서 의인의 영혼은 주리지 않게 하시나 악인의 소욕은 물리치시느니라(10:3).

○○(이)가 오직 믿음을 따라 살며 하나님 주시는 참 만족과 부요함을 받아 누리게 하소서!
말씀 의지하여 욕심과 정욕을 내려놓고 기쁘게 주를 따르게 하소서!

MAR
19

손을 게으르게 놀리는 자는 가난하게 되고 손이 부지런한 자는 부하게 되느니라(10:4).

○○(이)가 게으름의 유혹을 떨치고 성실하고 근면한 삶의 자세를 갖게 하소서!
부지런히 자기 삶을 경작하여 주어지는 풍요와 만족을 누리며 베풀고 나누는 삶 살게 하소서!

MAR
20

여름에 거두는 자는 지혜로운 아들이나 추수 때에 자는 자는 부끄러움을 끼치는 아들이니라(10:5).

○○(이)가 수동적인 태도를 버리고 깨어 미리 준비하는 지혜와 부지런함을 갖게 하소서!
그래서 주의 선한 때에 주께서 받으실만한 열매들로 주님의 큰 기쁨이 되게 하소서!

MAR 21 의인의 머리에는 복이 임하나 악인의 입은 독을 머금었느니라(10:6).

○○(이)가 주 예수의 복음 안에서 주어진 구원의 복을 충만히 누리게 하소서!

또한 그 입에 독을 머금은 악인들로 가득한 세상에 이 생명의 복음을 전하는 복의 통로가 되게 하소서!

MAR 22 바른 길로 행하는 자는 걸음이 평안하려니와 굽은 길로 행하는 자는 드러나리라(10:9).

○○(이)가 더 좋게 보이고 편해 보이는 길이 아니라 바르고 정직한 길로 행하기를 기뻐함으로 평안을 누리게 하소서!

결국은 명확히 드러날 굽은 길을 분별할 지혜와 거절할 용기를 ○○(이)의 심령에 채워 주소서!

MAR 23

의인의 입은 생명의 샘이라도 악인의 입은 독을 머금었느니라(10:11).

○○(이)의 입술이 언제 어디서나 사람을 살리는 생명의 샘이 되게 하소서!
매일 생명의 말씀을 읽고 묵상하여 그 입에서 생명과 지혜의 언어가 끊임없이 흘러나오게 하소서!

MAR 24

지혜로운 자는 지식을 간직하거니와 미련한 자의 입은 멸망에 가까우니라(10:14).

○○(이)가 하나님을 아는 지식으로 꽉 채워지게 하소서!
멸망을 향해 가는 미련한 세상에서 하늘의 지혜를 선포하고 드러내는 구원의 통로가 되게 하소서!

MAR 25

의인의 수고는 생명에 이르고 악인의 소득은 죄에 이르느니라(10:16).

○○(이)가 하나님 나라를 위한 의인의 수고는 생명의 열매로 드러남을 기억하게 하소서!
자기 배만 불리려는 죄성을 버리고 진정 가치 있는 삶을 위해 헌신하게 하소서!

MAR 26

미움을 감추는 자는 거짓된 입술을 가진 자요 중상하는 자는 미련한 자이니라(10:18).

○○(이)가 미움의 감정을 복음 안에서 잘 처리하여 누구에게나 진실함으로 대하게 하소서!
마음이 건강하여 관계를 파괴하는 중상과 이간질 같은 미련함과 무관하게 하소서!

MAR 27
의인의 입술은 여러 사람을 교육하나 미련한 자는 지식이 없어 죽느니라(10:21).

○○(이)를 의로 교육할 믿음의 교사, 멘토, 영적 지도자들을 붙여 주소서!
그래서 ○○(이)가 성경적 가치관과 성품과 삶의 태도를 겸비한 탁월한 신앙의 사람으로 서게 하소서!

MAR 28
미련한 자는 행악으로 낙을 삼는 것 같이 명철한 자는 지혜로 낙을 삼느니라(10:23).

행악으로 낙을 삼는 미련하고 어두운 세상을 직시할 수 있도록 ○○(이)의 영안을 열어 주소서!
○○(이)가 지혜로 낙을 삼아 하나님을 알아 가는 참 기쁨 안에 거하게 하소서!

MAR 29

악인에게는 그의 두려워하는 것이 임하거니와
의인은 그 원하는 것이 이루어지느니라(10:24).

악인에게는 늘 두려움이 떠나지 않고 마침내 그 일이 덮
친다는 사실을 ○○(이)가 기억하게 하소서!
의를 따라 살 때 그 원하는 것을 이루어 주시는 하나님만
경외하며 살게 하소서!

MAR 30

여호와의 도가 정직한 자에게는 산성이요 행
악하는 자에게는 멸망이니라 의인은 영영히
이동되지 아니하여도 악인은 땅에 거하지 못
하게 되느니라(10:29-30).

○○(이)가 여호와 앞에서 정직한 자가 되어 그 말씀이
정직한 자를 지켜 주는 산성이심을 매일의 삶을 통해 확
증하게 하소서!
흔들리는 세상에서 견고하게 우리를 붙드시는 말씀의 능
력으로 언제나 어디서나 형통한 자가 되게 하소서!

MAR
31

의인의 입술은 기쁘게 할 것을 알거늘 악인의
입은 패역을 말하느니라(10:32).

○○(이)의 입술을 주장하사 선하고 아름다운 말로 기쁘
고 좋은 관계를 맺게 하소서!
패역한 악인의 말을 따르지 않고 그 말에 걸리지 않도록
지켜 보호해 주소서!

4월

PROVERBS

APR 01

속이는 저울은 여호와께서 미워하시나 공평한 추는 그가 기뻐하시느니라(11:1).

속임은 여호와께서 미워하시는 죄임을 잊지 않게 하시고 ○○(이)의 마음과 손이 늘 정직하게 하소서!
하나님이 기뻐하시는 정확하고 공평한 추로 어그러진 세상을 바로 세우는 도구로 쓰임 받게 하소서!

APR 02

교만이 오면 욕도 오거니와 겸손한 자에게는 지혜가 있느니라(11:2).

○○(이)가 스스로 높이다가 하나님이 낮추시는 욕을 당하지 않게 하시며 교만에 빠지지 않도록 마음을 지켜 주소서!
자기를 낮추고 온전히 주를 의지하여 하나님이 주시는 지혜로 채워지게 하소서!

APR
03

정직한 자의 성실은 자기를 인도하거니와 사악한 자의 패역은 자기를 망하게 하느니라(11:3).

거짓이 가득하고 물질만 꿈꾸는 세상에서 정직과 성실이 ○○(이)의 무기가 되게 하소서!
원하는 것을 얻기 위해 악한 수단과 방법을 가리지 않는 것은 결국 망하는 길임을 인지하고 멀리하게 하소서!

APR
04

정직한 자의 공의는 자기를 건지려니와 사악한 자는 자기의 악에 잡히리라(11:6).

○○(이)가 정직하여 매사 하나님의 공의를 따라 행함으로 생명의 길로만 걷게 하소서!
악에 사로잡혀 사는 불쌍한 인생이 되지 않도록 아주 작은 악일지라도 버릴 힘을 부어 주소서!

APR 05

의인은 환난에서 구원을 얻으나 악인은 자기의 길로 가느니라(11:8).

○○(이)가 환난 속에서 하나님을 깊이 만나고 구원을 얻게 하소서!
환난을 통해 죄악 된 자기의 길을 버리고 겸손히 하나님만 의지하며 순종하게 하소서!

APR 06

악인은 입으로 그의 이웃을 망하게 하여도 의인은 그의 지식으로 말미암아 구원을 얻느니라(11:9).

○○(이)의 입에서 나오는 말이 자기를 더럽히고 이웃을 죽이는 거짓과 비방, 더러운 말이 아니라 영혼을 살리는 생명의 말이 되게 하소서!
○○(이)의 심령이 하나님을 아는 지식으로 계속 채워지고 변화되며 구원을 얻어 더 풍성히 나누는 자가 되게 하소서!

APR 07

성읍은 정직한 자의 축복으로 인하여 진흥하고 악한 자의 입으로 말미암아 무너지느니라 (11:11).

○○(이)가 정직한 자로 서서 자신이 속한 공동체와 사회, 이 나라를 축복하며 기도함으로 진흥의 주역이 되게 하소서!
선하고 생명력 가득한 말로 무너진 영역들을 다시 일으켜 세우는 ○○(이)가 되게 하소서!

APR 08

지혜 없는 자는 그의 이웃을 멸시하나 명철한 자는 잠잠하느니라 (11:12).

○○(이)가 타인의 인격과 삶을 귀하게 여기고 존중하는 겸손하고 지혜로운 자가 되게 하소서!
자신의 기준과 생각으로 쉽게 남을 판단하거나 멸시하지 않도록 바른 관점과 명철함을 갖게 하소서!

APR 09

유덕한 여자는 존영을 얻고 근면한 남자는 재물을 얻느니라(11:16).

○○(이)가 영악한 세상 자녀들과 같지 않고 그리스도 안에서 덕을 갖추어 존귀와 영예를 얻게 하소서!
또한 ○○(이)가 성실하신 하나님을 닮아 매사 근면, 성실하여 얻은 재물로 많이 베풀고 나누게 하소서!

APR 10

인자한 자는 자기의 영혼을 이롭게 하고 잔인한 자는 자기의 몸을 해롭게 하느니라(11:17).

○○(이)가 타인과의 관계에서 인자한 자가 되어 자기 영혼을 이롭게 하는 삶을 살게 하소서!
다른 사람에게 잔인한 것이 결국 자기 자신을 해롭게 하는 일임을 알고 언제나 자비를 베푸는 자가 되게 하소서!

APR
11

공의를 굳게 지키는 자는 생명에 이르고 악을 따르는 자는 사망에 이르느니라(11:19).

○○(이)가 어떤 상황에서도 하나님이 기뻐하시는 공의를 굳게 지켜 생명에 이르게 하소서!
악을 제대로 분별할 지혜와 민감함을 주셔서 사망에 이르는 악의 길에 서지 않게 하소서!

APR
12

마음이 굽은 자는 여호와께 미움을 받아도 행위가 온전한 자는 그의 기뻐하심을 받느니라(11:20).

○○(이)가 말씀 앞에서 하나님이 미워하시는 모든 굽은 마음을 즉시로 토설하고 돌이키게 하소서!
그래서 주님 보시기에 온전한 행위로 그의 기뻐하심을 받는 복된 일생을 살게 하소서!

APR 13

아름다운 여인이 삼가지 아니하는 것은 마치 돼지 코에 금 고리 같으니라(11:22).

○○(이)가 아름다움을 숭배하는 세상 문화에 물들지 않도록 그 마음을 붙들어 주소서!
분별력과 절제력을 잃고 선을 넘어버린 세상에서 거룩한 주의 백성으로 빛을 발하게 하소서!

 APR 14

의인의 소원은 오직 선하나 악인의 소망은 진노를 이루느니라(11:23).

○○(이)가 하나님 앞에서 선한 소원을 품고 그것이 이루어지기까지 식지 않는 열정으로 달려가게 하소서!
혹여 내면에 하나님이 기뻐하시지 않는 숨은 동기들이 있는지 매번 점검하게 하소서!

APR 15 선을 간절히 구하는 자는 은총을 얻으려니와 악을 더듬어 찾는 자에게는 악이 임하리라 (11:27).

○○(이)가 영적으로 깨어서 세상의 것보다 선하신 하나님을 간절히 찾는 자 되게 하소서!
악한 영향을 주는 것을 분별하여 단호히 거부하게 하소서!

 APR 16 의인의 열매는 생명나무라 지혜로운 자는 사람을 얻느니라(11:30).

○○(이)가 평생 의의 길을 걸어가며 많은 생명을 살리는 생명나무가 되게 하소서!
가는 걸음마다 사람을 얻어 하나님 나라를 확장해 나가게 하소서!

APR
17
훈계를 좋아하는 자는 지식을 좋아하거니와
징계를 싫어하는 자는 짐승과 같으니라(12:1).

훈계를 무시하거나 거부하지 않고 존중하는 자세와 경청함으로 자신의 부족함을 채워가는 ○○(이)가 되게 하소서!
○○(이)가 열린 마음으로 그것을 받아 변화되고 성장하는 계기로 삼게 하소서!

APR
18
사람이 악으로서 굳게 서지 못하거니와 의인의 뿌리는 움직이지 아니하느니라(12:3).

○○(이)가 악의 힘이나 방법으로는 결코 굳게 서지 못함을 마음에 새기게 하소서!
변하는 세상의 가치와 상황이 아니라 오직 진리의 말씀에 깊이 뿌리 내린 의의 삶을 통해 하나님의 공의를 온 땅 위에 드러내게 하소서!

APR 19 의인의 생각은 정직하여도 악인의 도모는 속임이니라(12:5).

○○(이)가 하나님 보시기에 정직하여 의로운 생각을 하게 하소서!
남을 속이며 거짓을 도모하는 악인의 길을 거절할 용기와 지혜를 부어 주소서!

APR 20 사람은 그 지혜대로 칭찬을 받으려니와 마음이 굽은 자는 멸시를 받으리라(12:8).

○○(이)가 선한 지혜로 충만하여 하나님과 사람 앞에 칭찬과 인정을 받게 하소서!
굽고 어그러진 마음이 있다면 주의 진리로 가르치시고 고쳐 주사 존귀히 여김을 받으며 살게 하소서!

APR 21

자기의 토지를 경작하는 자는 먹을 것이 많거니와 방탕한 것을 따르는 자는 지혜가 없느니라(12:11).

○○(이)가 주어진 자리에서 맡은 일을 책임감 있게 성실히 감당하여 풍성한 열매를 얻게 하소서!
헛된 것을 꿈꾸지 않고 방탕을 좇지 않는 지혜로운 자가 되게 하소서!

APR 22

악인은 불의의 이익을 탐하나 의인은 그 뿌리로 말미암아 결실하느니라(12:12).

○○(이)가 불의의 이익을 탐하지 않고 항상 정직과 선으로 행하게 하소서!
예수께 깊이 뿌리 내리고 의의 길로 행하여 주님이 주시는 풍성한 결실을 얻게 하소서!

APR 23

사람은 입의 열매로 말미암아 복록에 족하며
그 손이 행하는 대로 자기가 받느니라(12:14).

사람이 그 입의 말로 열매를 맺고, 그 열매로 복록을 누리
게 된다는 사실을 기억하며 선하고 지혜로운 말을 하기
에 힘쓰는 ○○(이)가 되게 하소서!
또한 그 손으로 사랑을 베풀고 의를 따라 정직히 행하여
그 행한 대로 복을 받게 하소서!

APR 24

미련한 자는 당장 분노를 나타내거니와 슬기
로운 자는 수욕을 참느니라(12:16).

○○(이)가 분노를 즉각 드러내는 것은 관계를 깨고 사
탄에게 틈을 보이는 일임을 알고 일상에서 감정을 잘 다
스리는 훈련을 하게 하소서!
수치와 모욕을 느끼는 상황에서도 감정을 절제하며 슬기
롭게 처신하도록 도와주소서!

APR 25 칼로 찌름 같이 함부로 말하는 자가 있거니와 지혜로운 자의 혀는 양약과 같으니라(12:18).

○○(이)가 생각 없이 말하여 칼로 찌름같이 남에게 상처를 입히는 일이 없게 하소서!
지혜롭고 슬기로운 말로 사람을 치유하고 회복시키고 살리는 ○○(이)가 되게 하소서!

 APR 26 진실한 입술은 영원히 보존되거니와 거짓 혀는 잠시 동안만 있을 뿐이니라(12:19).

○○(이)가 진실한 입술과 거짓 혀의 차이를 확실히 분별하게 하소서!
그래서 진실과 거짓의 경계선에서 잠시 잠깐 있는 것이 아닌 영원한 것을 선택하게 하소서!

APR 27

악을 꾀하는 자의 마음에는 속임이 있고 화평을 의논하는 자에게는 희락이 있느니라(12:20).

○○(이)가 어떤 경우에도 악을 꾀하거나 속이려 들지 않도록 그 마음을 지켜 주소서!
오직 관계 속에서 화평을 도모하고 평화를 지킴으로 그 심령에 기쁨과 즐거움이 가득하게 하소서!

APR 28

의인에게는 어떤 재앙도 임하지 아니하려니와 악인에게는 앙화가 가득하리라(12:21).

모든 것을 선으로 이끄실 하나님을 신뢰함으로 어떤 상황이나 문제 가운데서도 믿음의 길을 벗어나지 않는 ○○(이)가 되게 하소서!
하나님을 떠난 삶이 재앙임을 깨달아 오직 믿음 안에서 주의 은혜를 구하며 살게 하소서!

APR 29

의인은 그 이웃의 인도자가 되나 악인의 소행은 자신을 미혹하느니라(12:26).

○○(이)가 이웃을 진리로 인도하는 믿음의 리더십을 갖게 하소서!
악인의 어떠한 말과 행동에도 미혹되지 않도록 그 중심을 항상 하나님께 두게 하소서!

APR 30

공의로운 길에 생명이 있나니 그 길에는 사망이 없느니라(12:28).

자기 기준이나 세상의 기준이 아닌 완전한 공의와 정의를 행하시는 하나님의 기준으로 살아가는 ○○(이)가 되게 하소서!
그래서 세상의 잘못된 길을 분별하고 오직 생명의 길로만 걷게 하소서!

5월

PROVERBS

MAY 01

지혜로운 아들은 아비의 훈계를 들으나 거만한 자는 꾸지람을 즐겨 듣지 아니하느니라(13:1).

○○(이)가 부모의 훈계와 가르침에 마음과 귀가 열려 있게 하소서!
자신이 주인 된 거만한 마음을 버리고 부모의 신앙과 삶의 지혜가 전수되어 그것이 ○○(이)의 삶에 밑거름이 되게 하소서!

MAY 02

입을 지키는 자는 자기의 생명을 보전하나 입술을 크게 벌리는 자에게는 멸망이 오느니라(13:3).

○○(이)에게 분별력을 주셔서 말을 할 때와 그렇지 않을 때를 잘 분별하여 실수가 없게 하소서!
말의 권세와 영향력을 알고 말로 어려움을 당하지 않도록 일상에서 말의 지혜와 절제를 훈련하게 하소서!

MAY 03

게으른 자는 마음으로 원하여도 얻지 못하나 부지런한 자의 마음은 풍족함을 얻느니라 (13:4).

○○(이)가 마음으로 원하기만 하고 실천하지 않아 얻지 못하는 게으른 자가 되지 않게 하소서!
자신에게 주어진 상황에 늘 감사하며 무엇을 하든 최선을 다하는 부지런함과 성실로 풍족함을 얻게 하소서!

MAY 04

의인은 거짓말을 미워하나 악인은 행위가 흉악하여 부끄러운 데에 이르느니라(13:5).

○○(이)를 진리의 영으로 충만케 하사 거짓을 미워하며 거룩을 수호하는 삶 살게 하소서!
흉악한 행위로 수치를 당하는 악인들과 구별되어 선을 행함으로 주의 영광 드러내게 하소서!

MAY
05

스스로 부한 체하여도 아무 것도 없는 자가 있고 스스로 가난한 체하여도 재물이 많은 자가 있느니라(13:7).

외양에 치중하는 것보다 속사람을 견고히 하는 일에 힘쓰는 ○○(이)가 되게 하소서!
그래서 하나님의 말씀과 복음의 능력으로 가득하여 그 충만함과 부요함을 흘려보내는 삶 살게 하소서!

MAY
06

의인의 빛은 환하게 빛나고 악인의 등불은 꺼지느니라(13:9).

○○(이)가 의를 따라 살아감으로 이 땅을 환하게 비추는 빛의 사명을 잘 감당하게 하소서!
악인의 결국이 어떠한지를 빨리 깨달아 악은 그 모양이라도 버리고 멀리하게 하소서!

MAY 07 교만에서는 다툼만 일어날 뿐이라 권면을 듣는 자는 지혜가 있느니라(13:10).

○○(이)가 교만하여 다툼을 일으키지 않도록 늘 겸손함과 온유함으로 행하게 하소서!
듣는 귀를 주셔서 주의 말씀과 사람의 권면을 새겨듣고 그 가운데서 참 지혜를 얻게 하소서!

MAY 08 소망이 더디 이루어지면 그것이 마음을 상하게 하거니와 소원이 이루어지는 것은 곧 생명나무니라(13:12).

○○(이)가 비록 더딜지라도 소망을 이루어 주시는 하나님만 바라보며 끝까지 인내하게 하소서!
소원을 주시고 친히 이루어 가시는 하나님을 경험하며 생명력 넘치는 삶이 되게 하소서!

MAY 09

말씀을 멸시하는 자는 자기에게 패망을 이루고 계명을 두려워하는 자는 상을 받느니라 (13:13).

하나님의 말씀을 비웃고 멸시하는 세상에서 말씀을 존귀히 여기며 순종하기를 힘쓰는 ○○(이)가 되게 하소서!
거룩한 두려움으로 말씀 앞에 서서 믿음으로 반응하여 주시는 상을 받는 ○○(이)가 되게 하소서!

MAY 10

지혜 있는 자의 교훈은 생명의 샘이니 사망의 그물에서 벗어나게 하느니라 (13:14).

○○(이)가 지혜 있는 자들을 만나 생명의 샘과 같은 교훈을 얻게 하소서!
때로 사망의 그물을 만나더라도 생명의 샘에서 솟아나는 능력으로 능히 벗어나게 하소서!

MAY
11

훈계를 저버리는 자에게는 궁핍과 수욕이 이르거니와 경계를 받는 자는 존영을 받느니라 (13:18).

○○(이)가 어떤 소리보다 하나님의 말씀을 더욱 존중히 여기고 따르게 하소서!
○○(이)에게 듣는 귀를 허락하사 하나님의 말씀에 순종함으로 존귀와 영광을 받게 하소서!

MAY
12

지혜로운 자와 동행하면 지혜를 얻고 미련한 자와 사귀면 해를 받느니라(13:20).

○○(이)가 지혜로운 자와 동행하기를 즐거워하여 관계 속에서 지혜를 얻고 배우게 하소서!
일평생 만남의 복을 주사 어딜 가나 지혜로운 자를 만나 그 인생이 복되게 하소서!

MAY 13

선인은 그 산업을 자자손손에게 끼쳐도 죄인의 재물은 의인을 위하여 쌓이느니라(13:22).

○○(이)가 이 시대의 어려움을 회복시키고 선한 역할을 감당할 신실한 일꾼이 되게 하소서!
죄인의 재물을 부러워하지 않고 하나님의 의를 좇아 살아서 쌓이게 하시는 재물로 주의 나라 위해 헌신하게 하소서!

MAY 14

매를 아끼는 자는 그의 자식을 미워함이라 자식을 사랑하는 자는 근실히 징계하느니라 (13:24).

○○(이)가 자녀들에게 충분한 사랑을 주며 아닌 것과 안 되는 것을 정확히 가르치는 부모가 되게 하소서!
○○(이)에게 자녀를 참 사랑의 지혜와 분별력을 주사 자녀들을 근실히 징계하게 하소서!

MAY 15 지혜로운 여인은 자기 집을 세우되 미련한 여인은 자기 손으로 그것을 허느니라(14:1).

○○(이)가 하나님께 지혜를 구하며 자신에게 허락하신 가정을 견고히 세우게 하소서!

○○(이)가 이기심과 자기 애, 헛된 세상 가치관으로 인해 스스로 가정을 허는 어리석음을 행치 않도록 복음의 정신으로 무장하여 가정을 위해 헌신하게 하소서!

 MAY 16 정직하게 행하는 자는 여호와를 경외하여도 패역하게 행하는 자는 여호와를 경멸하느니라 (14:2).

○○(이)가 매사 정직하게 행함으로 여호와 경외함을 보이게 하소서!

패역하여 여호와를 경멸하는 세상에 선한 본이 되어 세상을 바꾸는 축복의 통로되게 하소서!

MAY 17 신실한 증인은 거짓말을 아니하여도 거짓 증인은 거짓말을 뱉느니라(14:5).

○○(이)가 언제나 참된 말로 신실함을 드러내게 하소서!
거짓말하지 않는 참 하나님의 사람이라는 신뢰를 받게 하소서!

 MAY 18 거만한 자는 지혜를 구하여도 얻지 못하거니와 명철한 자는 지식 얻기가 쉬우니라(14:6).

○○(이)가 항상 겸손한 마음을 품어 어떤 상황에서도 지혜를 얻게 하소서!
또한 지혜에 명철을 더하사 그 얻은 지식으로 세상을 이롭게 하는 ○○(이)가 되게 하소서!

MAY 19

미련한 자는 죄를 심상히 여겨도 정직한 자 중에는 은혜가 있느니라(14:9).

○○(이)가 죄에 대한 민감성을 가지고 즉시로 주께 고백하게 하시며 혹여 반복되는 죄가 있더라도 낙망하지 않고 다시 주께 나아가게 하소서!
그때마다 용서하시는 주의 은혜를 경험하며 그 은혜에 감격하고 감사함으로 기쁘게 신앙생활 하게 하소서!

MAY 20

마음의 고통은 자기가 알고 마음의 즐거움은 타인이 참여하지 못하느니라(14:10).

○○(이)가 때로 자기만 아는 고통으로 인해 몸부림칠 때 주여 만나 주시고 만져 주사 속히 회복시켜 주소서!
하나님과 자신만 아는 신앙의 비밀과 즐거움이 갈수록 깊어지게 하소서!

MAY 21 어떤 길은 사람이 보기에 바르나 필경은 사망의 길이니라(14:12).

다원주의로 혼란스러운 이 세상에서 잘못된 길로 들어서지 않도록 매 순간 ○○(이)의 영혼을 지켜 주소서!
처처에 널린 사망의 길을 보지 않고 오직 유일한 길이요, 진리요, 생명이신 예수님께만 시선을 고정하여 좇아가게 하소서!

 MAY 22 웃을 때에도 마음에 슬픔이 있고 즐거움의 끝에도 근심이 있느니라(14:13).

겉으로 웃어도 속으로는 고통스러워 하는 이 세대의 영혼들을 바라보며 진정한 그리스도의 사랑을 나누는 ○○(이)가 되게 하소서!
그래서 일시적이고 제한적인 세상 즐거움이 아니라 진정한 즐거움이요 영원한 만족이신 예수 그리스도를 전하고 만나게 하는 일에 삶을 드리는 ○○(이)가 되게 하소서!

MAY 23 어리석은 자는 온갖 말을 믿으나 슬기로운 자는 자기의 행동을 삼가느니라(14:15).

○○(이)가 쏟아지는 정보와 온갖 뉴스들을 진리 안에서 심사숙고하고 분별하게 하소서!
그래서 무엇을 취하고 어떻게 행동하여야 할지를 아는 슬기로운 자가 되게 하소서!

 MAY 24 악인은 선인 앞에 엎드리고 불의한 자는 의인의 문에 엎드리느니라(14:19).

하나님이 부르신 곳에서 악을 몰아내고 주의 진리와 선으로 채우는 ○○(이)의 삶이 되게 하소서!
결국 승리로 이끄실 공의의 하나님을 바라보며 인내로 의로운 길 걷게 하소서!

MAY 25

이웃을 업신여기는 자는 죄를 범하는 자요 빈곤한 자를 불쌍히 여기는 자는 복이 있는 자니라(14:21).

○○(이)가 사람을 쉽게 평가하고 판단하지 않게 하소서!
빈곤하여 쓸 게 없고 자존감이 무너진 자들의 영육의 필요를 도와 일으켜 세우게 하소서!

MAY 26

지혜로운 자의 재물은 그의 면류관이요 미련한 자의 소유는 다만 미련한 것이니라(14:24).

○○(이)가 하나님 주신 재물을 지혜롭게 사용하여 하나님이 허락하시는 면류관을 얻게 하소서!
물질에 매여 소유에 집착하며 아무런 가치도, 열매도 만들지 못하는 미련한 세상에 굴복하지 않게 하소서!

MAY 27 여호와를 경외하는 것은 생명의 샘이니 사망의 그물에서 벗어나게 하느니라(14:27).

○○(이)가 여호와를 경외함으로 그 생명 샘에서 나오는 생수가 끊이지 않는 삶을 살게 하소서!
주를 경외하는 ○○(이)의 기도를 통해 속한 가정, 공동체가 사망의 그물에서 벗어나는 은혜를 부어 주소서!

MAY 28 평온한 마음은 육신의 생명이나 시기는 뼈를 썩게 하느니라(14:30).

세상의 온갖 악하고 음란한 것들이 ○○(이)의 심령을 흔들지 못하도록 주께서 막으시고 보호해 주소서!
경쟁사회 속에서 시기와 질투로 상하지 않도록 마음의 평온함을 부어 주소서!

MAY 29

유순한 대답은 분노를 쉬게 하여도 과격한 말은 노를 격동하느니라(15:1).

○○(이)가 유순히 답하여 분노를 잠잠케 하는 온유한 성품을 갖게 하소서!
노를 격동하는 과격한 말을 하지 않고 이해와 관용의 화목하게 하는 언어를 사용하게 하소서!

MAY 30

여호와의 눈은 어디서든지 악인과 선인을 감찰하시느니라(15:3).

○○(이)가 어디서나 무엇을 하든 감찰하시는 여호와의 눈을 의식하고 살게 하소서!
그래서 악을 멀리하고 하나님이 기뻐하시는 선을 좇아 살기를 힘쓰게 하소서!

MAY 31

아비의 훈계를 업신여기는 자는 미련한 자요 경계를 받는 자는 슬기를 얻을 자니라(15:5).

○○(이)가 부모의 믿음의 가르침과 훈계를 마음을 열어 깊이 새겨듣게 하소서!

경계를 진중히 받고 순종함으로 더욱 슬기롭게 되게 하소서!

6월

PROVERBS

JUN 01

악인의 제사는 여호와께서 미워하셔도 정직한
자의 기도는 그가 기뻐하시느니라(15:8).

○○(이)가 행위만 있고 마음이 없는 예배를 미워하시는
하나님 앞에서 온 마음을 다해 예배하는 온전한 예배자
가 되게 하소서!
정직한 자의 기도를 기뻐하시는 하나님 앞에 거짓을 버
리고 거룩함과 진실함으로 나아가게 하소서!

JUN 02

스올과 아바돈도 여호와의 앞에 드러나거든
하물며 사람의 마음이리요(15:11).

○○(이)가 여호와 하나님 앞에서는 드러나지 않는 것이
없음을 알고 숨기거나 감추지 않게 하소서!
항상 말씀 앞에서 자신을 비추어 보고 드러나는 모든 죄
를 고백함으로 순전한 삶 살게 하소서!

JUN 03

고난 받는 자는 그 날이 다 험악하나 마음이 즐거운 자는 항상 잔치하느니라(15:15).

○○(이)에게 고난이 오더라도 두려워하지 않고 능히 이길 견고한 믿음을 주소서!
그 믿음으로 고난을 허락하신 하나님의 깊은 뜻을 깨닫고 승리의 하나님 바라보며 기뻐하고 즐거워하게 하소서!

JUN 04

가산이 적어도 여호와를 경외하는 것이 크게 부하고 번뇌하는 것보다 나으니라(15:16).

○○(이)가 어떤 형편에서든 여호와를 경외함으로 인해 감사하는 삶 살게 하소서!
참 평안과 만족이 부의 크기에 있지 않음을 늘 기억하여 자족하게 하소서!

JUN 05

채소를 먹으며 서로 사랑하는 것이 살진 소를 먹으며 서로 미워하는 것보다 나으니라(15:17).

○○(이)가 일상의 작고 소박한 행복과 나누는 사랑을 귀하게 여겨 놓치지 않게 하소서!
물질에 사로잡혀 서로를 미워하며 살지 않고 인생의 참 목적과 가치를 붙들고 이루게 하소서!

JUN 06

분을 쉽게 내는 자는 다툼을 일으켜도 노하기를 더디 하는 자는 시비를 그치게 하느니라(15:18).

○○(이)에게 분과 노가 있다면 그 원인을 만져 주시고 치료하여 주소서!
그래서 가는 곳마다 시비가 그치고 화평과 사랑과 위로가 넘치게 하소서!

JUN 07 게으른 자의 길은 가시 울타리 같으나 정직한 자의 길은 대로니라(15:19).

○○(이)가 게으름과 나태를 버리고 근면 성실하게 하소서!
정직히 일하고 수고함으로 삶을 일구어 부끄러움 없이 당당하게 하소서!

JUN 08 사람은 그 입의 대답으로 말미암아 기쁨을 얻나니 때에 맞는 말이 얼마나 아름다운고 (15:23).

○○(이)에게 지혜를 부어 주셔서 적절한 대답으로 상대를 기쁘게 할 줄 알게 하소서!
때에 맞는 말로 아름다운 관계를 세우며 관계 속에서 복을 누리게 하소서!

JUN 09

지혜로운 자는 위로 향한 생명 길로 말미암음으로 그 아래에 있는 스올을 떠나게 되느니라 (15:24).

○○(이)에게 지혜로운 마음을 주사 땅을 바라보지 않고 위로 향한 생명 길을 사모하게 하소서!
○○(이)의 시선이 계속해서 그 길로 향하게 하사 하나님 없는 사망의 자리를 벗어나게 하소서!

JUN 10

이익을 탐하는 자는 자기 집을 해롭게 하나 뇌물을 싫어하는 자는 살게 되느니라(15:27).

○○(이)가 탐심에 끌려 사랑하는 사람들까지 힘들게 하는 일이 없도록 참된 가치를 좇아 살게 하소서!
정직과 의로 행할 때 생명으로 갚아 주시는 하나님을 경험하게 하소서!

JUN 11 여호와는 악인을 멀리 하시고 의인의 기도를 들으시느니라(15:29).

○○(이)가 하나님은 악인을 멀리하시는 분이심을 기억하고 항상 악을 경계하고 멀리하게 하소서!
예수 안에서 의롭게 여기심을 받은 자답게 죄에 대해 민감하여 즉시 회개함으로 하나님이 들으시는 기도의 사람 되게 하소서!

JUN 12 훈계 받기를 싫어하는 자는 자기의 영혼을 경히 여김이라 견책을 달게 받는 자는 지식을 얻느니라(15:32).

○○(이)의 마음 문을 활짝 열어 주사 자기 영혼을 유익케 하는 말씀의 훈계를 즐거이 듣게 하소서!
견책을 피하지 않고 달게 받아 참된 지식과 분별력으로 올바로 행하게 하소서!

JUN 13 마음의 경영은 사람에게 있어도 말의 응답은 여호와께로부터 나오느니라(16:1).

○○(이)가 자신의 계획을 확신하지 않게 하소서!
오직 일을 만드시고 이루시는 분은 하나님이심을 알아
그 뜻에 순종하며 살게 하소서!

 JUN 14 너의 행사를 여호와께 맡기라 그리하면 네가 경영하는 것이 이루어지리라(16:3).

○○(이)가 자신의 행사를 여호와께 맡기는 믿음의 사람
되게 하소서!
그래서 친히 도우시고 이루시는 하나님을 인생의 순간마
다 경험하게 하소서!

JUN
15

여호와께서 온갖 것을 그 쓰임에 적당하게 지으셨나니 악인도 악한 날에 적당하게 하셨느니라(16:4).

○○(이)가 모든 만물을 그 쓰임에 맞게 지으신 주권자 하나님께 온전히 순복하게 하소서!
악한 일에 자신을 내어주지 않고 하나님의 선한 도구로 가장 가치 있는 삶을 살게 하소서!

JUN
16

인자와 진리로 인하여 죄악이 속하게 되고 여호와를 경외함으로 말미암아 악에서 떠나게 되느니라(16:6).

○○(이)가 오직 인자와 진리를 따라 복음에 합당한 삶을 살게 하소서!
자신의 힘으로 악과 싸우려 하지 않고 여호와를 경외함에서 오는 거룩의 능력으로 악을 이기고 승리하게 하소서!

JUN 17

사람의 행위가 여호와를 기쁘시게 하면 그 사람의 원수라도 그와 더불어 화목하게 하시느니라(16:7).

○○(이)가 여호와 하나님을 기쁘시게 하는 일에 모든 행위의 기준을 두게 하소서!
그리하여 친히 모든 관계를 푸시고 화목하게 하시는 강력한 주의 능력을 경험하게 하소서!

JUN 18

사람이 마음으로 자기의 길을 계획할지라도 그의 걸음을 인도하시는 이는 여호와시니라(16:9).

○○(이)가 주님 안에서 자신의 삶을 지혜롭게 계획하여 성실하게 살게 하소서!
그러나 모든 걸음을 인도하시는 분이 하나님이심을 기억하고 매순간 하나님의 뜻을 잘 분별하여 그의 인도하심을 받게 하소서!

JUN 19 의로운 입술은 왕들이 기뻐하는 것이요 정직하게 말하는 자는 그들의 사랑을 입느니라(16:13).

○○(이)가 세상 권력과 시류에 굴복하지 않고 담대히 의를 따라 말하고 행하게 하소서!
정직함으로 승부하여 진리에 목마른 세상에서 사랑과 인정을 받게 하소서!

 JUN 20 악을 떠나는 것은 정직한 사람의 대로이니 자기의 길을 지키는 자는 자기의 영혼을 보전하느니라(16:17).

○○(이)가 자신이 누구이며 어떤 길로 가야 할지를 분명히 알아 악을 떠나 정직한 길로 걷게 하소서!
끝까지 그 길을 지켜 자기의 영혼을 보전하는 복된 인생 되게 하소서!

JUN 21 삼가 말씀에 주의하는 자는 좋은 것을 얻나니 여호와를 의지하는 자는 복이 있느니라(16:20).

○○(이)가 말씀에 주의하여 말씀이 이끄시는 대로 살아 영원히 참되고 좋은 것을 얻게 하소서!
변하는 세상이 아닌 불변하시는 여호와 하나님을 전적으로 의지하는 복된 삶이 되게 하소서!

JUN 22 지혜로운 자의 마음은 그의 입을 슬기롭게 하고 또 그의 입술에 지식을 더하느니라(16:23).

○○(이)의 마음을 주의 지혜로 채우사 슬기로운 말로 사람을 살리고 세우는 자 되게 하소서!
갈수록 지식을 더하사 깊은 감화력과 설득력으로 많은 사람을 생명의 길로 인도하게 하소서!

JUN 23 패역한 자는 다툼을 일으키고 말쟁이는 친한 벗을 이간하느니라(16:28).

○○(이)가 패역한 시대와 문화를 거스르며 다툼과 분열을 잠재우는 주의 거룩한 도구가 되게 하소서!
이간하고 갈등을 조장하는 모든 어둠의 세력들을 분별하여 능히 대적하게 하소서!

 JUN 24 노하기를 더디하는 자는 용사보다 낫고 자기의 마음을 다스리는 자는 성을 빼앗는 자보다 나으니라(16:32).

○○(이)가 노하기를 더디하는 법을 매일 훈련하게 하소서!
자기 마음을 잘 다스려 매사 안정되고 견고한 삶으로 주변에 선한 영향을 끼치게 하소서!

JUN 25

제비는 사람이 뽑으나 모든 일을 작정하기는 여호와께 있느니라(16:33).

일을 결정하는 것이 사람인 것 같아도 실은 하나님이 모든 일을 작정하시는 것임을 ○○(이)가 경험하게 하소서!
그래서 매사에 순전한 마음으로 주께 묻고 그 인도하심을 따라 살게 하소서!

JUN 26

마른 떡 한 조각만 있고도 화목하는 것이 제육이 집에 가득하고도 다투는 것보다 나으니라(17:1).

○○(이)가 많지 않은 것에도 자족하며 서로 화목한 가정을 이루게 하소서!
끊임없이 물질을 추구하며 풍족함에도 오히려 다투고 불행한 세상을 조금도 부러워하거나 따르지 않게 하소서!

JUN 27

슬기로운 종은 부끄러운 짓을 하는 주인의 아들을 다스리겠고 또 형제들 중에서 유업을 나누어 얻으리라(17:2).

○○(이)가 하나님이 주시는 지혜로 부끄러움 가득한 세상을 섬기는 슬기로운 리더십이 되게 하소서!
세상을 능가하는 총명과 탁월함으로 사탄에게 빼앗긴 영역들을 다시금 탈환하게 하소서!

JUN 28

도가니는 은을, 풀무는 금을 연단하거니와 여호와는 마음을 연단하시느니라(17:3).

○○(이)가 살면서 경험하게 되는 고통과 시련이 자신을 연단하는 하나님의 도구이자 은혜의 손길임을 깨닫게 하소서!
잘 견디고 연단되어 어떤 상황도 능히 이기는 전천후 신앙인이 되게 하소서!

JUN 29 손자는 노인의 면류관이요 아비는 자식의 영화니라(17:6).

○○(이)가 부모 세대를 뛰어넘는 더욱 온전한 믿음의 사람 되게 하소서!
견고한 믿음으로 말씀을 따라 ○○(이)의 앞에서 온전한 순종의 본을 보이는 부모가 되게 하소서!

 JUN 30 지나친 말을 하는 것도 미련한 자에게 합당하지 아니하거든 하물며 거짓말을 하는 것이 존귀한 자에게 합당하겠느냐(17:7).

○○(이)의 입술에 신중함이 있어서 지나친 말을 하지 않도록 지켜 주소서!
○○(이)가 하나님께 속한 존귀한 자로서 정직히 행하고 말하는 것이 마땅한 바요 영광스런 명예라는 사실을 잊지 않게 하소서!

우리가 자녀에게 줄 수 있는
가장 큰 선물은 기도입니다.

7월

PROVERBS

JUL 01

한 마디 말로 총명한 자에게 충고하는 것이 매 백 대로 미련한 자를 때리는 것보다 더욱 깊이 박히느니라(17:10).

○○(이)에게 총명함을 부어 주사 참된 충고를 잘 듣고 이해하고 따르게 하소서!
매를 맞고도 깨닫지 못하는 미련한 자가 되지 않고 잘 깨닫고 지혜롭게 대처하게 하소서!

JUL 02

누구든지 악으로 선을 갚으면 악이 그 집을 떠나지 아니하리라(17:13).

○○(이)가 하나님의 선하심과 절대 주권을 믿음으로 선으로 악을 이기게 하소서!
악이 악을 낳는다는 사실을 알고 모든 것을 주께 맡기고 온전히 의뢰하게 하소서!

JUL 03

다투는 시작은 둑에서 물이 새는 것 같은즉 싸움이 일어나기 전에 시비를 그칠 것이니라 (17:14).

○○(이)가 다툼은 작은 것에서 시작됨을 알고 매 순간 깨어서 사탄에게 틈을 주지 않게 하소서!
마음이 나뉘는 곳에 들어가 십자가 사랑으로 연합을 이루며 화평케 하는 자가 되게 하소서!

 JUL 04

친구는 사랑이 끊어지지 아니하고 형제는 위급한 때를 위하여 났느니라 (17:17).

○○(이)에게 끊어지지 않는 사랑과 우정으로 평생을 함께할 좋은 친구들을 허락하소서!
형제간에도 깊은 우애가 있어서 위급한 때에 서로 도우며 살게 하소서!

JUL
05

다툼을 좋아하는 자는 죄과를 좋아하는 자요
자기 문을 높이는 자는 파괴를 구하는 자니라
(17:19).

○○(이)가 죄를 미워함으로 어디서나 다툼을 멀리하고
화목을 도모하게 하소서!
교만이 파괴를 불러옴을 깨달아 늘 겸손으로 삶을 채우
게 하소서!

JUL
06

마음의 즐거움은 양약이라도 심령의 근심은
뼈를 마르게 하느니라(17:22).

○○(이)가 주 안에 있는 참된 즐거움을 누리며 양약을
먹는 것처럼 그 심령이 견고해지게 하소서!
그래서 뼈를 마르게 하는 근심이 몰려와도 조금도 눌리
지 않고 물리치게 하소서!

JUL 07 지혜는 명철한 자 앞에 있거늘 미련한 자는 눈을 땅끝에 두느니라(17:24).

○○(이)가 일상에서 매 순간 주를 찾으며 지혜를 구하게 하소서!
눈을 땅끝에 두고 땅의 것만 좇는 미련한 자가 아니라 참 지혜이신 주께 시선을 고정하게 하소서!

JUL 08 말을 아끼는 자는 지식이 있고 성품이 냉철한 자는 명철하니라(17:27).

○○(이)가 말을 다스릴 줄 알고 절제하는 지식을 더하사 경우에 맞는 언어생활을 하게 하소서!
사람에 대한 이해와 사리를 분별하는 냉철함을 주셔서 함부로 감정을 드러내지 않게 하소서!

JUL 09

무리에게서 스스로 갈라지는 자는 자기 소욕을 따르는 자라 온갖 참 지혜를 배척하느니라 (18:1).

○○(이)가 믿음의 공동체를 소중히 여겨 자기 소욕 보다 공동체를 우선하게 하소서!
그리하여 공동체 안에서 누릴 수 있는 유익함과 지혜들을 얻어 신앙과 인격의 성숙을 이루어가게 하소서!

JUL 10

미련한 자는 명철을 기뻐하지 아니하고 자기의 의사를 드러내기만 기뻐하느니라(18:2).

○○(이)가 명철의 하나님을 기뻐하게 하소서!
그래서 자기 의사보다 참 명철이신 하나님의 뜻을 따라 살게 하소서!

JUL 11

악인을 두둔하는 것과 재판할 때에 의인을 억울하게 하는 것이 선하지 아니하니라(18:5).

○○(이)가 분별력을 갖고 바르게 판단하여 악한 자의 편에 서지 않게 하소서!
의인의 억울함을 방관하지 않고 적극적으로 돕게 하소서!

JUL 12

미련한 자의 입술은 다툼을 일으키고 그의 입은 매를 자청하느니라(18:6).

○○(이)가 다툼을 일으키는 미련한 말이 아니라 화해와 화합의 말을 하게 하소서!
그 입술에 아름다운 말로 가득하게 하사 어딜 가나 사랑받고 환영받게 하소서!

JUL
13
자기의 일을 게을리하는 자는 패가하는 자의 형제니라(18:9).

○○(이)가 주의 성실하심을 닮아 자기 일에 게으르지 않고 부지런하게 하소서!
그래서 자기 삶뿐만 아니라 가정과 교회와 나라를 세우는 삶을 살게 하소서!

 JUL
14
여호와의 이름은 견고한 망대라 의인은 그리로 달려가서 안전함을 얻느니라(18:10).

○○(이)가 사탄의 공격과 유혹이 올 때 견고한 망대이신 여호와의 이름을 의지하여 물리치게 하소서!
힘들고 어려울 때마다 다른 것을 찾지 않고 언제나 그리로 달려가 안전함을 누리게 하소서!

JUL
15

사람의 마음의 교만은 멸망의 선봉이요 겸손
은 존귀의 길잡이니라(18:12).

○○(이)가 하나님이 계셔야 할 자리에 자신이 앉지 않
도록 늘 깨어 있게 하소서!
그래서 겸손한 자에게 허락하시는 아름답고 존귀한 삶을
살게 하소서!

JUL
16

사람의 심령은 그의 병을 능히 이기려니와 심
령이 상하면 그것을 누가 일으키겠느냐(18:14).

○○(이)의 심령을 주 안에서 견고하게 하사 어떤 것도
능히 이기게 하소서!
○○(이)의 심령이 상할 때에 주 예수의 복음의 능력으
로 치유하시고 새롭게 하사 능히 일어서게 하소서!

JUL 17　송사에서는 먼저 온 사람의 말이 바른 것 같으나 그의 상대자가 와서 밝히느니라(18:17).

○○(이)가 어느 한쪽 말만 듣고 섣불리 판단하지 않고 양쪽에 귀 기울여 듣게 하소서!
복잡한 세상을 살아갈 때 주께 지혜를 구하며 진실을 꿰뚫는 영적 감각을 갖게 하소서!

 JUL 18　사람은 입에서 나오는 열매로 말미암아 배부르게 되나니 곧 그의 입술에서 나는 것으로 말미암아 만족하게 되느니라(18:20).

○○(이)가 사랑과 격려와 칭찬과 위로의 선한 말들로 사람들을 배부르게 하는 복된 입을 갖게 하소서!
그 입술의 말들로 풍성한 열매를 거두어 자신도 만족한 삶을 살게 하소서!

JUL 19

죽고 사는 것이 혀의 힘에 달렸나니 혀를 쓰기 좋아하는 자는 혀의 열매를 먹으리라(18:21).

○○(이)가 그 혀에 힘이 있음을 깨달아 사람을 살리고 세우는 생명의 말, 축복의 말을 하게 하소서!
혀를 사용하기 전에 먼저 ○○(이)의 마음과 생각을 주장하사 늘 아름다운 열매를 거두게 하소서!

JUL 20

아내를 얻는 자는 복을 얻고 여호와께 은총을 받는 자니라(18:22).

○○(이)를 이 시대의 세속적인 결혼관으로부터 안전하게 지켜 주시고 예비하신 믿음의 배우자를 허락하소서!
○○(이)가 하나님이 세우신 가정의 원리를 따라 아름다운 믿음의 가정을 이루는 복을 얻고 은총을 누리게 하소서!

JUL 21

많은 친구를 얻는 자는 해를 당하게 되거니와 어떤 친구는 형제보다 친밀하니라(18:24).

○○(이)에게 분별력을 주셔서 신실한 친구들을 얻고 서로 선한 영향을 주고받게 하소서!
친구들과 신앙 안에서 형제처럼 친밀하게 사랑과 우정을 나누며 함께 하나님의 나라를 위해 걸어가게 하소서!

JUL 22

가난하여도 성실하게 행하는 자는 입술이 패역하고 미련한 자보다 나으니라(19:1).

○○(이)가 주 안에서 가난한 자 같으나 부요한 자로 사는 신비를 누리며 자기 자리에서 성실로 삶을 일구게 하소서!
부를 쌓기 위해 패역하고 미련하게 행하는 세상을 보지 않게 하소서!

JUL
23
지식 없는 소원은 선하지 못하고 발이 급한 사람은 잘못 가느니라(19:2).

○○(이)가 하나님과의 관계 속에서 선한 소원을 발견하고 비전을 품게 하소서!
자기 생각에 조급하여 잘못 가지 않도록 하나님의 때를 기다리며 인내하게 하소서!

JUL
24
사람이 미련하므로 자기 길을 굽게 하고 마음으로 여호와를 원망하느니라(19:3).

○○(이)가 여호와를 아는 지혜로 충만하여 그 가는 길이 온전하게 하소서!
자신의 미련함과 잘못 때문에 하나님을 원망하는 일이 없게 하소서!

JUL 25

가난한 자는 그의 형제들에게도 미움을 받거든 하물며 친구야 그를 멀리 하지 아니하겠느냐 따라가며 말하려 할지라도 그들이 없어졌으리라(19:7).

○○(이)에게 가난한 자를 긍휼히 여기며 선대할 수 있는 마음을 부어 주소서!
들어줄 이 없는 저들의 사연을 경청하고 함께 짐을 지는 선한 이웃이 되게 하소서!

JUL 26

미련한 자가 사치하는 것이 적당하지 못하거든 하물며 종이 방백을 다스림이랴(19:10).

미련한 자들이 부를 얻고 사치하는 일들이 이 땅에서 사라지게 하소서!
○○(이)가 주인의식을 가지고 세우신 자리에서 분별력과 책임감으로 충성을 다하게 하소서!

JUL
27
집과 재물은 조상에게서 상속하거니와 슬기로운 아내는 여호와께로서 말미암느니라(19:14).

○○(이)가 부모로부터 무엇을 물려받든 그 안에서 모든 선한 가치를 발견하고 성실히 이어가게 하소서!
배우자의 만남에서 인간적인 관점을 다 내려놓고 하나님의 예비하심을 전적으로 신뢰하고 따르게 하소서!

 JUL
28
게으름이 사람으로 깊이 잠들게 하나니 태만한 사람은 주릴 것이니라(19:15).

○○(이)가 하나님을 향한 갈망으로 늘 깨어 있게 하소서!
영혼을 가꾸고 채우는 일뿐만 아니라 삶의 모든 영역에서 성실하고 부지런하여 풍족을 누리게 하소서!

JUL
29

가난한 자를 불쌍히 여기는 것은 여호와께 꾸어 드리는 것이니 그의 선행을 그에게 갚아 주시리라(19:17).

○○(이)에게 가난한 자들을 불쌍히 여기는 주님의 마음을 채워 주소서!
자기 것을 내어 주어도 무한히 채우시고 갚아 주실 하나님이 계시기에 기꺼이 즐겁게 나누고 베푸는 ○○(이)가 되게 하소서!

JUL
30

네가 네 아들에게 희망이 있은즉 그를 징계하되 죽일 마음은 두지 말지니라(19:18).

○○(이)가 자녀를 키우며 참 신앙 안에서 꿈과 희망을 바르게 심어 주는 부모가 되게 하소서!
자녀를 징계할 때 감정적으로 하지 않고 마땅한 태도와 방법으로 인격적으로 하게 하소서!

JUL
31 너는 권고를 들으며 훈계를 받으라 그리하면
네가 필경은 지혜롭게 되리라(19:20).

○○(이)에게 권고를 듣고 훈계를 받을 겸손한 귀를 주
소서!
그래서 편협하게 자기 생각에만 빠지지 않고 넓은 시각
을 가진 지혜로운 자가 되게 하소서!

8월

PROVERBS

AUG 01

여호와를 경외하는 것은 사람으로 생명에 이르게 하는 것이라 경외하는 자는 족하게 지내고 재앙을 당하지 아니하느니라(19:23).

○○(이)가 여호와를 경외함으로 생명을 얻고 더 풍성히 얻게 하소서!
여러 재앙과 어려움이 올지라도 주 안에서 안전하게 보호받으며 만족하는 삶을 살게 하소서!

AUG 02

아비를 구박하고 어미를 쫓아내는 자는 부끄러움을 끼치며 능욕을 부르는 자식이니라(19:26).

○○(이)가 부모의 사랑과 수고를 진심으로 인정하며 잘 섬기고 공경하게 하소서!
갈수록 고령화되는 이 사회의 심각한 노인 문제를 극복하는 좋은 모델이 되게 하소서!

AUG 03

포도주는 거만하게 하는 것이요 독주는 떠들게 하는 것이라 이에 미혹되는 자마다 지혜가 없느니라(20:1).

○○(이)가 행동의 절제와 판단력을 빼앗아 가는 술을 멀리하게 하소서!

술에 대해 관대한 세상 문화를 단호히 거절할 수 있는 믿음의 용기와 거룩한 지혜를 부어 주셔서 세상 술에 취한 자들을 주께로 이끌게 하소서!

AUG 04

게으른 자는 가을에 밭 갈지 아니하나니 그러므로 거둘 때에는 구걸할지라도 얻지 못하리라(20:4).

○○(이)가 때를 따라 마땅히 해야 할 일을 기쁨으로 행하게 하소서!

그래서 후회가 아닌 만족과 감사와 승리가 남는 보람된 인생을 살게 하소서!

AUG 05

사람의 마음에 있는 모략은 깊은 물 같으니라 그럴지라도 명철한 사람은 그것을 길어 내느니라(20:5).

○○(이)의 안에 깊이 잠재된 귀한 생각과 은사들이 잘 발견되고 개발되어 주의 나라를 위해 사용되게 하소서! 또한 ○○(이)가 타인의 잠재력과 가능성을 발견하고 세우는 명철한 영적 리더십이 되게 하소서!

AUG 06

많은 사람이 각기 자기의 인자함을 자랑하나니 충성된 자를 누가 만날 수 있으랴(20:6).

○○(이)가 주관적 잣대로 자신을 과대평가하고 자랑하지 않도록 그 믿음의 안목을 넓혀 주소서! 오직 예수 그리스도가 기준이 되어 그의 충성된 헌신과 섬김의 모습을 닮아가게 하소서!

AUG 07

내가 내 마음을 정하게 하였다 내 죄를 깨끗하게 하였다 할 자가 누구냐(20:9).

○○(이)가 매일 매 순간 하나님의 말씀에 자신을 비춰 보게 하소서!
죄에 민감하여 깨닫는 즉시 회개하고 돌이켜 거룩하고 정결한 삶을 살게 하소서!

AUG 08

비록 아이라도 자기의 동작으로 자기 품행이 청결한 여부와 정직한 여부를 나타내느니라 (20:11).

○○(이)가 어릴 때부터 청결한 양심과 정직한 성품을 가진 자로 자라게 하소서!
그래서 세상을 변화시키며 세상 가운데 예수의 향기를 드러내는 자로 세워지게 하소서!

AUG 09

듣는 귀와 보는 눈은 다 여호와께서 지으신 것이니라(20:12).

온갖 지식과 정보가 범람하는 시대로부터 ○○(이)의 귀와 눈을 보호해 주소서!
귀와 눈을 창조하신 하나님의 선하신 뜻대로 마땅히 들을 것만 듣고 볼 것만 보며 거룩을 지키게 하소서!

AUG 10

세상에 금도 있고 진주도 많거니와 지혜로운 입술이 더욱 귀한 보배니라(20:15).

○○(이)가 세상이 추구하는 것에 마음을 두지 않게 하소서!
○○(이)가 지혜로운 입술로 많은 생명을 살리는 보배로운 인생을 살게 하소서!

AUG 11

속이고 취한 음식물은 사람에게 맛이 좋은 듯하나 후에는 그의 입에 모래가 가득하게 되리라(20:17).

○○(이)가 속이지 않고 정직한 땀과 수고의 열매를 먹는 것을 자랑스럽게 여기게 하소서!
속임의 결과는 고통임을 알아 시간과 노력이 들더라도 정도를 택하게 하소서!

AUG 12

경영은 의논함으로 성취하나니 지략을 베풀고 전쟁할지니라(20:18).

○○(이)가 좋은 공동체 안에서 함께 마음을 나누고 의논하여 주의 선한 일을 도모하는 동역의 기쁨을 누리게 하소서!
무슨 일에든 주안에서 선하고 합당한 지략으로 이기게 하소서!

AUG 13

자기의 아비나 어미를 저주하는 자는 그의 등
불이 흑암 중에 꺼짐을 당하리라(20:20).

부모의 연약함을 이해하고 끝까지 사랑으로 순종하며 섬
기는 ○○(이)가 되게 하소서!
그리하여 흑암 중에라도 등불이 비취는 복을 얻게 하
소서!

AUG 14

사람의 걸음은 여호와로 말미암나니 사람이
어찌 자기의 길을 알 수 있으랴(20:24).

○○(이)가 사람의 걸음이 여호와로 말미암는 것을 깨닫
게 하소서!
그래서 전능하신 하나님께 모든 것을 위탁하고 의지하며
그 이끄심대로 걸어가는 인생이 되게 하소서!

AUG 15 사람의 영혼은 여호와의 등불이라 사람의 깊은 속을 살피느니라(20:27).

여호와의 등불로 ○○(이)의 영혼을 비추사 진정 좇아야 할 분을 만나고 따르며 헌신하게 하소서!
또한 ○○(이)의 마음속 깊은 곳을 살피시고 만져 주셔서 모든 죄악과 상처에서 자유케 하소서!

 AUG 16 젊은 자의 영화는 그의 힘이요 늙은 자의 아름다움은 백발이니라(20:29).

○○(이)가 젊음의 힘과 열정을 오직 참되고 영원한 나라와 그 진리를 위해 쏟게 하소서!
노년의 지혜와 아름다움을 무시하지 않고 겸손하게 청종함으로 세대 간 단절이 아닌 소통으로 나아가게 하소서!

AUG 17

사람의 행위가 자기 보기에는 모두 정직하여도 여호와는 마음을 감찰하시느니라(21:2).

자신을 과신하지 않고 자기 기준의 불완전함과 연약함을 인정하는 ○○(이)가 되게 하소서!
오직 사람의 마음을 감찰하시는 하나님 앞에서 진리의 말씀 따라 정직히 행하기를 힘쓰게 하소서!

AUG 18

공의와 정의를 행하는 것은 제사 드리는 것보다 여호와께서 기쁘게 여기시느니라(21:3).

○○(이)가 형식적인 신앙생활이 아니라 삶 속에서 하나님의 공의와 정의를 따라 행하게 하소서!
교회 안에서의 예배가 삶의 영역으로 확장되어 하나님을 기쁘시게 하는 온전한 예배자가 되게 하소서!

AUG
19
눈이 높은 것과 마음이 교만한 것과 악인이 형통한 것은 다 죄니라(21:4).

○○(이)가 말씀을 늘 곁에 두어 그 눈과 마음이 교만에서 멀어지게 하소서!
악인의 형통한 모습을 보며 부러워하지도, 그 죄의 길에 서지도 않게 하소서!

 AUG
20
부지런한 자의 경영은 풍부함에 이를 것이나 조급한 자는 궁핍함에 이를 따름이니라(21:5).

○○(이)가 말씀의 원리를 따라 지혜롭고 부지런하게 물질을 경영하여 풍성함을 나누게 하소서!
한탕주의를 부추기는 일들을 멀리하고 계획성 있고 차근하게 경영할 마음을 갖게 하소서!

AUG 21

죄를 크게 범한 자의 길은 심히 구부러지고 깨끗한 자의 길은 곧으니라(21:8).

○○(이)가 죄를 범할 때마다 그 구부러진 길에서 즉시로 돌이켜 회개하는 삶을 살게 하소서!
죄 사해 주시는 하나님의 은혜에 감사함으로 늘 깨끗하고 곧은길로 힘써 걷게 하소서!

AUG 22

악인의 마음은 남의 재앙을 원하나니 그 이웃도 그 앞에서 은혜를 입지 못하느니라(21:10).

○○(이)가 이기적인 마음에서 벗어나 이웃이 잘되는 것을 시기나 질투하지 않게 하소서!
이웃의 번영을 바라고 잘되도록 돕고, 은혜 베푸는 선한 삶을 살게 하소서!

AUG 23

귀를 막고 가난한 자가 부르짖는 소리를 듣지
아니하면 자기가 부르짖을 때에도 들을 자가
없으리라(21:13).

○○(이)의 눈과 귀를 열어 주셔서 주변의 가난하고 어
려운 자들을 볼 수 있고 들을 수 있게 하소서!
갈수록 이기적으로 변해 가는 세상에서 오히려 반대로
주변을 돌아보며 그리스도의 사랑을 적극 실천하게 하
소서!

AUG 24

정의를 행하는 것이 의인에게는 즐거움이요
죄인에게는 패망이니라(21:15).

○○(이)가 이 세대의 악함과 불의에 넘어가지 않고 하
나님의 정의와 공의를 따라 행할 때 오는 즐거움을 누리
게 하소서!
매 순간 하나님을 마주하는 삶으로 패망의 길을 가는 죄
인들을 구원과 생명의 길로 이끌게 하소서!

AUG 25

입과 혀를 지키는 자는 자기의 영혼을 환난에서 보전하느니라(21:23).

○○(이)의 입과 혀가 거룩하고 지혜롭도록 지켜 주소서!
늘 성령의 다스리심 아래 있어서 말로 인해 어려움 당하는 일이 없게 하소서!

AUG 26

무례하고 교만한 자를 이름하여 망령된 자라 하나니 이는 넘치는 교만으로 행함이니라(21:24).

○○(이)가 무례하고 교만하여 망령된 자로 불리지 않도록 늘 주님의 겸손과 온유함을 부어 주소서!
넘치는 교만을 인식하고 인정하며 하나님 앞에 납작 엎드려 마음을 낮추는 자가 되게 하소서!

AUG 27 어떤 자는 종일토록 탐하기만 하나 의인은 아끼지 아니하고 베푸느니라(21:26).

탐욕으로 가득한 세상에서 ○○(이)의 눈과 귀와 마음을 지켜 주소서!
오히려 도움이 필요한 자들에게로 눈과 귀와 마음을 열고 아낌없이 베푸는 삶을 살게 하소서!

 AUG 28 악인은 자기의 얼굴을 굳게 하나 정직한 자는 자기의 행위를 삼가느니라(21:29).

○○(이)가 죄를 짓고도 아닌 척 뻔뻔한 자가 되지 않게 하소서!
자신의 행위를 부지런히 살펴 늘 정직하고 경건한 자로 살게 하소서!

AUG 29

지혜로도 못하고, 명철로도 못하고 모략으로도 여호와를 당하지 못하느니라(21:30).

세상의 학문, 과학기술, 첨단 문명, 더 나아가 자신을 의지하지 않고 오직 하나님만 의지하는 ○○(이)가 되게 하소서!
우리의 가장 강력한 병기와 전략이 되시는 여호와 하나님과 동행함으로 사탄과의 영적 전쟁에서 승리하는 ○○(이)가 되게 하소서!

AUG 30

싸울 날을 위하여 마병을 예비하거니와 이김은 여호와께 있느니라(21:31).

○○(이)가 주의 군사 된 자로 늘 깨어서 영성과 실력을 겸비하게 하소서!
그러나 이김은 여호와께 있음을 알아 언제나 겸손히 은혜를 구하게 하소서!

가난한 자와 부한 자가 함께 살거니와 그 모두
를 지으신 이는 여호와시니라(22:2).

○○(이)가 가난함과 부함에 대한 세상적 기준에 똑같이
반응하지 않게 하소서!
어떤 조건에서도 하나님의 영광을 담을 수 있음을 믿고
주어진 상황에서 주를 기쁘시게 하는 삶의 자세를 갖게
하소서!

9월

PROVERBS

SEP 01

패역한 자의 길에는 가시와 올무가 있거니와 영혼을 지키는 자는 이를 멀리하느니라(22:5).

○○(이)가 인생의 수많은 가시와 올무들이 주를 벗어난 삐뚤어진 마음에서 비롯됨을 깨닫게 하소서!
그 길을 멀리하고 주안에 거하며 자기 영혼을 지킬 때 평탄케 하시며 형통케 하시는 주의 복을 누리게 하소서!

SEP 02

마땅히 행할 길을 아이에게 가르치라 그리하면 늙어도 그것을 떠나지 아니하리라(22:6).

○○(이)가 마땅히 배우고 행할 길을 가정에서부터 제대로 배우고 자라게 하소서!
그래서 평생토록 온전한 인격과 좋은 성품, 바른 신앙의 태도로 주를 위해 살게 하소서!

SEP 03 선한 눈을 가진 자는 복을 받으리니 이는 양식을 가난한 자에게 줌이니라(22:9).

○○(이)가 도움이 필요한 곳을 볼 줄 아는 선한 눈을 갖게 하소서!
그래서 기꺼이 가난한 자를 돕고 섬기는 이타적이고 복음적인 삶을 살게 하소서!

 SEP 04 마음의 정결을 사모하는 자의 입술에는 덕이 있으므로 임금이 그의 친구가 되느니라(22:11).

○○(이)가 주를 믿는 믿음 안에서 정결하게 마음을 지키며 덕스럽게 입술을 사용하게 하소서!
정결과 거룩이 곧 ○○(이)의 실력이 되어 세상 속에서 인정받고 사랑받게 하소서!

SEP 05

음녀의 입은 깊은 함정이라 여호와의 노를 당한 자는 거기 빠지리라(22:14).

○○(이)가 깊은 함정과 같은 음란의 유혹을 분별하고 철저히 경계하게 하소서!
그래서 여호와의 진노에서 벗어나 거룩하고 복된 길로만 행하게 하소서!

SEP 06

아이의 마음에는 미련한 것이 얽혔으나 징계하는 채찍이 이를 멀리 쫓아내리라(22:15).

○○(이)의 마음이 미련함과 어리석음으로 얽히지 않도록 주여 은혜를 부어 주소서!
부모 된 우리가 감정이 아니라 절제와 사랑의 온전한 징계를 하여서 ○○(이)가 올바르고 선한 사람이 되게 하소서!

너는 귀를 기울여 지혜 있는 자의 말씀을 들으며 내 지식에 마음을 둘지어다 이것을 네 속에 보존하며 네 입술 위에 함께 있게 함이 아름다우니라(22:17-18).

○○(이)가 하나님의 말씀에 귀 기울이며 그 지식 안에 거하게 하소서!
늘 말씀을 묵상하고 암송하며 삶에서 말씀의 능력을 드러내게 하소서!

약한 자를 그가 약하다고 탈취하지 말며 곤고한 자를 성문에서 압제하지 말라 대저 여호와께서 신원하여 주시고 또 그를 노략하는 자의 생명을 빼앗으시리라(22:22-23).

○○(이)가 약한 자를 탈취하며 곤고한 자를 압제하는 세상의 방식에 용감히 맞서게 하소서!
오히려 약한 자와 곤고한 자를 신원하여 주시는 주의 자비와 긍휼을 세상에 심는 복음적 문화를 세워가게 하소서!

SEP 09

노를 품는 자와 사귀지 말며 울분한 자와 동행하지 말지니 그의 행위를 본받아 네 영혼을 올무에 빠뜨릴까 두려움이니라(22:24-25).

○○(이)가 노를 품거나 울분한 자들과 사귀거나 동행하지 않도록 만남의 복을 부어 주소서!
분노와 울분을 조절하지 못해서 그 영혼을 올무에 빠뜨리는 일이 너무도 많은 세상에서 우리 ○○(이)를 항상 지켜 보호해 주소서!

SEP 10

네가 자기의 일에 능숙한 사람을 보았느냐 이러한 사람은 왕 앞에 설 것이요 천한 자 앞에 서지 아니하리라(22:29).

○○(이)가 하나님 주신 재능과 은사를 잘 계발하여 자기 일에 능숙한 자가 되게 하소서!
그래서 언제 어디서든 주가 원하시는 곳에서 존귀하게 쓰임 받게 하소서!

네가 관원과 함께 앉아 음식을 먹게 되거든 삼가 네 앞에 있는 자가 누구인지를 생각하며 네가 만일 음식을 탐하는 자이거든 네 목에 칼을 둘 것이니라 그의 맛있는 음식을 탐하지 말라 그것은 속이는 음식이니라(23:1-3).

○○(이)가 세상의 부와 권력 앞에서 마음이 혼미해지지 않도록 늘 깨어 있게 하소서!
자기 욕망에 무릎 꿇지 않도록 매 순간 성령의 도우심을 구하며 경건을 훈련하게 하소서!

부자 되기에 애쓰지 말고 네 사사로운 지혜를 버릴지어다 네가 어찌 허무한 것에 주목하겠느냐 정녕히 재물은 스스로 날개를 내어 하늘을 나는 독수리처럼 날아가리라(23:4-5).

○○(이)가 돈이 목적이 되어버린 세상의 헛된 가치관에 휩쓸리지 않도록 지켜 주소서!
한순간에 허무하게 날아가 버리고 말 재물이 아니라 참되고 영원한 진리에 사로잡혀 헌신하게 하소서!

SEP 13 미련한 자의 귀에 말하지 말지니 이는 그가 네 지혜로운 말을 업신여길 것임이니라(23:9).

○○(이)가 전도의 현장에서 마음과 귀가 열린 자들을 만나게 하소서!
업신여기는 미련한 자로 인해 낙심하지 않고 계속해서 담대히 복음을 전하게 하소서!

SEP 14 옛 지계석을 옮기지 말며 고아들의 밭을 침범 하지 말지어다 대저 그들의 구속자는 강하시 니 그가 너를 대적하여 그들의 원한을 풀어 주 시리라(23:10-11).

○○(이)가 이기적인 탐욕으로 법과 원칙을 무시하며 약 자들의 권리를 침범하지 않게 하소서!
약자들을 신원하시며 구속하시는 하나님 편에 서서 공의 를 행하며 연약한 자들을 적극적으로 돕게 하소서!

SEP 15 훈계에 착심하며 지식의 말씀에 귀를 기울이라(23:12).

○○(이)가 세상 정보와 뉴스보다 하나님의 훈계의 말씀을 기쁘게 듣고 기억하게 하소서!
하나님의 지혜와 지식의 말씀에 귀 기울여 순종함으로 세상에서 빛을 발하게 하소서!

SEP 16 아이를 훈계하지 아니하려고 하지 말라 채찍으로 그를 때릴지라도 그가 죽지 아니하리라 네가 그를 채찍으로 때리면 그의 영혼을 스올에서 구원하리라(23:13-14).

맡겨 주신 ○○(이)가 하나님과 사람 앞에서 건강하고 바르게 세워지도록 성실하고 지혜롭게 훈계하는 부모가 되게 하소서!
모든 훈육과 훈계가 ○○(이)의 영혼을 구원하고 살리는 일이 되게 하소서!

SEP 17

내 아들아 만일 네 마음이 지혜로우면 나 곧 내 마음이 즐겁겠고 만일 네 입술이 정직을 말하면 내 속이 유쾌하리라(23:15-16).

마음이 지혜로워 부모의 마음을 즐겁게 하는 ○○(이)가 되게 하소서!
또한 의롭고 정직한 말로 모든 관계 속에서 신뢰와 즐거움을 주게 하소서!

SEP 18

네 마음으로 죄인의 형통을 부러워하지 말고 항상 여호와를 경외하라 정녕히 네 장래가 있겠고 네 소망이 끊어지지 아니하리라(23:17-18).

○○(이)가 여호와 하나님을 경외하는 신앙 위에 굳게 서서 죄인의 형통을 부러워하지 않게 하소서!
험한 세상에서 믿음을 지키며 살아갈 때 ○○(이)의 장래를 인도하시며 소망을 이루시는 하나님의 역사를 보게 하소서!

SEP
19

너를 낳은 아비에게 청종하고 네 늙은 어미를 경히 여기지 말지니라(23:22).

○○(이)가 아비와 어미를 통해 생명을 주신 하나님께 감사하며 부모에게 잘 청종하게 하소서!
부모가 늙어도 존중히 여기며 끝까지 사랑으로 잘 돌보게 하소서!

SEP
20

진리를 사되 팔지는 말며 지혜와 훈계와 명철도 그리할지니라(23:23).

○○(이)가 세상의 헛된 욕심으로 인해 예수의 생명으로 산 진리를 저버리지 않게 하소서!
말씀을 생명처럼 붙들어 하나님이 주시는 지혜와 훈계, 명철로 세상을 이기게 하소서!

내 아들아 네 마음을 내게 주며 네 눈으로 내
길을 즐거워할지어다 대저 음녀는 깊은 구덩
이요 이방 여인은 좁은 함정이라 참으로 그는
강도 같이 매복하며 사람들 중에 사악한 자가
많아지게 하느니라(23:26-28).

○○(이)가 오직 한 분 하나님께만 사랑과 열정을 드리
며 장차 도래할 주의 나라와 의를 위해 기쁘게 헌신하게
하소서!
매복한 강도같이 교묘하고 급박하게 사람을 깊은 악의
구덩이로 몰아넣는 온갖 음란하고 타락한 문화의 한 가
운데서 깨어 있어 철저히 경계하도록 도우소서!

SEP
22

너는 악인의 형통함을 부러워하지 말며 그와 함께 있으려고 하지도 말지어다 그들의 마음은 강포를 품고 그들의 입술은 재앙을 말함이니라(24:1-2).

○○(이)가 악인의 형통에 마음이 요동하지 않고 우직하게 믿음의 길을 걷게 하소서!

○○(이)의 마음을 견고하게 하셔서 잠시 잠깐의 형통을 위해 악과 타협하지 않게 하소서!

SEP
23

집은 지혜로 말미암아 건축되고 명철로 말미암아 견고하게 되며 또 방들은 지식으로 말미암아 각종 귀하고 아름다운 보배로 채우게 되느니라(24:3-4).

하나님을 아는 지혜와 명철로 ○○(이)의 인생이 견고히 세워지는 은혜를 부어 주소서!

인생의 모든 순간을 하나님과 친밀히 동행함으로 각종 귀하고 아름다운 간증들로 가득하게 하소서!

SEP 24 미련한 자의 생각은 죄요 거만한 자는 사람에 게 미움을 받느니라(24:9).

○○(이)가 매일 주의 말씀 앞에서 자신을 들여다보며 미련함과 거만함을 내려놓고 거룩함과 겸손을 옷 입게 하소서!
그래서 공동체 안에서 화평과 연합을 이루는 자가 되게 하소서!

 SEP 25 네가 만일 환난 날에 낙담하면 네 힘이 미약함 을 보임이니라(24:10).

○○(이)가 환난 앞에서 낙담하는 것이 아니라 믿음으로 이겨내는 자가 되게 하소서!
평소에 말씀과 기도의 기본기를 훈련하여 어떤 문제나 상황도 이겨내는 영적 실력을 갖추게 하소서!

SEP 26

네 원수가 넘어질 때에 즐거워하지 말며 그가 엎드러질 때에 마음에 기뻐하지 말라 여호와께서 이것을 보시고 기뻐하지 아니하사 그의 진노를 그에게서 옮기실까 두려우니라(24:17-18).

원수의 넘어짐을 즐거워하거나 기뻐하지 않으며 누구와도 원수 맺지 않는 ○○(이)가 되게 하소서!
또한 하나님이 기뻐하시지 않는 감정과 생각들을 철저히 주께 복종시키며 하나님의 기뻐하심을 좇아 살아가는 순전한 신앙의 사람이 되게 하소서!

SEP 27

내 아들아 여호와와 왕을 경외하고 반역자와 더불어 사귀지 말라 대저 그들의 재앙은 속히 임하리니 그 둘의 멸망을 누가 알랴(24:21-22).

○○(이)가 하나님과 하나님이 세우신 권위에 순종하게 하소서!
주를 믿고 진리를 따르는 자들과 함께하며 속한 공동체를 든든히 세워가게 하소서!

SEP 28

네 일을 밖에서 다스리며 너를 위하여 밭에서 준비하고 그 후에 네 집을 세울지니라(24:27).

○○(이)가 자기 재능과 은사에 맞는 일을 찾아 부지런히 일하고 열심히 삶을 경작하게 하소서!
하나님이 예비하신 배우자를 만나 천국과 같은 아름다운 가정을 이루고 행복하게 살게 하소서!

SEP 29

너는 까닭 없이 네 이웃을 쳐서 증인이 되지 말며 네 입술로 속이지 말지니라(24:28).

○○(이)가 까닭 없이 다른 사람에게 해로운 증언을 하거나 온전히 알지 못하는 일에 나서서 해를 끼치는 일이 없게 하소서!
그 입에 파수꾼을 세우사 속이거나 거짓이 아닌 정직하고 진실한 말만 하게 하소서!

SEP
30

너는 그가 내게 행함 같이 나도 그에게 행하여 그가 행한 대로 그 사람에게 갚겠다 말하지 말지니라(24:29).

○○(이)의 안에 성경적 가치관이 깊이 뿌리내리게 하소서!

그래서 상대가 행한 대로 행하고 갚는 세상의 방식으로 하지 않고 은혜의 복음을 따라 행하게 하소서!

10월

PROVERBS

OCT 01

네가 좀더 자자, 좀더 졸자, 손을 모으고 좀더 누워 있자 하니 네 빈궁이 강도 같이 오며 네 곤핍이 군사 같이 이르리라(24:33-34).

○○(이)가 인생을 쉽고 편안하게 살려는 마음을 버리게 하소서!
○○(이)가 자신에게 주어진 시간과 인생을 낭비하지 않고 선한 청지기로 살아 하나님께 칭찬받는 자가 되게 하소서!

OCT 02

은에서 찌꺼기를 제하라 그리하면 장색의 쓸 만한 그릇이 나올 것이요(25:4).

○○(이)를 때마다 만나 주시고 성령으로 충만케 하사 부지불식간에 그 마음에 자리 잡은 세상의 가치관과 음란하고 정욕적인 문화의 찌꺼기들이 깨끗이 제거되게 하소서!
그리하여 하나님이 쓰실 만한 거룩하고 깨끗한 그릇이 되어 하나님 나라 확장에 영광스럽게 쓰임 받게 하소서!

OCT 03

왕 앞에서 스스로 높은 체하지 말며 대인들의 자리에 서지 말라 이는 사람이 네게 이리로 올라오라고 말하는 것이 네 눈에 보이는 귀인 앞에서 저리로 내려가라고 말하는 것보다 나음이니라(25:6-7).

높은 보좌를 버리고 이 땅에 가장 낮은 자로 오신 예수님의 겸손을 온전히 본받는 ○○(이)가 되게 하소서!
그래서 마땅히 서야 할 자리, 행할 일을 잘 분별하여 예수님 닮은 삶을 살게 하소서!

OCT 04

너는 이웃과 다투거든 변론만 하고 남의 은밀한 일은 누설하지 말라 듣는 자가 너를 꾸짖을 터이요 또 네게 대한 악평이 네게서 떠나지 아니할까 두려우니라(25:9-10).

○○(이)가 자신을 변론하기 위해 타인의 은밀한 일을 이용하지 않게 하소서!
변론하다가 도리어 신뢰와 관계마저 잃어버리는 우를 범하지 않게 하소서!

OCT
05

경우에 합당한 말은 아로새긴 은 쟁반에 금 사과니라(25:11).

○○(이)가 하나님이 주시는 지혜와 분별력으로 경우에 합당한 말을 하게 하소서!
주의 백성답게 말로 실수하지 않고 아름다운 품위를 드러내게 하소서!

OCT
06

슬기로운 자의 책망은 청종하는 귀에 금 고리와 정금 장식이니라(25:12).

때마다 ○○(이)에게 주의 지혜와 명철로 책망하고 가르칠 스승과 멘토들을 붙여 주소서!
또한 기꺼이 듣고 따를 수 있는 순종의 마음을 부어 주셔서 ○○(이)의 성품과 인격이 빛나고 존귀한 모습으로 아름답게 빚어지게 하소서!

OCT 07

오래 참으면 관원도 설득할 수 있나니 부드러운 혀는 뼈를 꺾느니라(25:15).

○○(이)가 조급해하지 않고 인내로 문제를 해결하는 법을 배우게 하소서!
자기 힘을 다스려 온유함으로 행할 때 완강했던 마음들이 녹고 높았던 장벽들이 허물어지는 역사가 일어나게 하소서!

OCT 08

너는 꿀을 보거든 족하리만큼 먹으라 과식함으로 토할까 두려우니라(25:16).

○○(이)에게 자신의 욕구를 절제할 힘을 주소서!
과욕으로 인해 넘어지지 않도록 ○○(이)의 심령을 지켜 주소서!

OCT
09

환난 날에 진실하지 못한 자를 의뢰하는 것은
부러진 이와 위골된 발 같으니라(25:19).

○○(이)가 상황이 어렵고 힘들수록 더욱 신실하신 하나
님만 의뢰하게 하소서!
의지할 수 없는 것들에 마음을 뺏기지 않고 전능하신
하나님만 바라보며 믿음으로 모든 상황을 이겨내게 하
소서!

OCT
10

마음이 상한 자에게 노래하는 것은 추운 날에
옷을 벗음 같고 소다 위에 식초를 부음 같으
니라(25:20).

○○(이)가 영적 민감성을 가져 마음이 상한 자를 알아
차리고 살피며 도울 수 있게 하소서!
위로와 도움이 필요한 세상에 그리스도의 사랑을 실천하
고 나누는 자가 되게 하소서!

OCT 11

의인이 악인 앞에 굴복하는 것은 우물이 흐려짐과 샘이 더러워짐과 같으니라(25:26).

○○(이)가 악인 앞에 무릎 꿇지 않고 자기가 가진 진리로 인해 당당하게 하소서!
자기 한 사람의 타협이 공동체 전체를 더럽히는 일이 됨을 분명히 알아 악에 대해 책임감 있게 행동하는 ○○(이)가 되게 하소서!

OCT 12

꿀을 많이 먹는 것이 좋지 못하고 자기의 영예를 구하는 것이 헛되니라(25:27).

○○(이)가 좋은 것이라도 절제가 필요함을 깨닫고 잘 훈련되게 하소서!
스스로 자기의 영예를 구하기보다 주어진 사명에 끝까지 헌신함으로 영예가 따라오는 삶을 살게 하소서!

OCT 13

자기의 마음을 제어하지 아니하는 자는 성읍이 무너지고 성벽이 없는 것과 같으니라(25:28).

○○(이)가 자기 기분에 따라 휘둘리지 않고 신앙 안에서 늘 안정되고 고요한 마음을 유지하는 법을 훈련하게 하소서!
진리의 말씀에 깊이 뿌리내려 그 어떤 상황에도 무너지지 않는 견고하고 안정된 영성을 갖추게 하소서!

OCT 14

미련한 자의 어리석은 것을 따라 대답하지 말라 두렵건대 너도 그와 같을까 하노라(26:4).

○○(이)가 하나님을 떠난 세상의 가치관을 품은 어리석은 말들에 대응하지 않게 하소서!
진리의 말씀과 성령의 지혜로 충만하여 세상을 능가하는 선한 지식의 말이 ○○(이)의 입술에 가득하게 하소서!

OCT
15
미련한 자에게 영예를 주는 것은 돌을 물매에 매는 것과 같으니라(26:8).

○○(이)가 하나님 없는 자에게 영예는 재앙과도 같음을 알아 세상 영예 좇지 않고 하나님의 뜻을 좇아 살게 하소서!
자신이 감당 못 할 일을 구하지 않고 겸손히 주의 도우심과 은혜를 구하며 살게 하소서!

 OCT
16
미련한 자의 입의 잠언은 술 취한 자가 손에 든 가시나무 같으니라(26:9).

○○(이)가 세상에 떠도는 미련한 말들과 지식에 귀를 닫고 주의 지혜의 말씀을 더 사모하게 하소서!
그래서 무차별적으로 상해를 입히는 광포한 세상의 공격으로부터 자신을 지키게 하소서!

OCT 17

네가 스스로 지혜롭게 여기는 자를 보느냐 그보다 미련한 자에게 오히려 희망이 있느니라 (26:12).

○○(이)의 마음을 지켜 주셔서 스스로를 지혜롭게 여기는 교만에 빠지지 않게 하소서!
오히려 자신의 미련함과 연약함을 인정하며 도우시는 하나님께 날마다 엎드리는 기도의 사람 되게 하소서!

OCT 18

게으른 자는 길에 사자가 있다 거리에 사자가 있다 하느니라(26:13).

○○(이)가 시간과 기회를 붙잡고 적극적이고 성실한 삶을 살게 하소서!
부정적이고 소극적으로 반응하게 만드는 원인을 직면하여 말씀의 능력으로 끊어내고 마땅히 감당해야 할 책임을 다하게 하소서!

OCT 19 문짝이 돌쩌귀를 따라서 도는 것 같이 게으른
자는 침상에서 도느니라(26:14).

○○(이)가 쉽고 편한 것만 찾는 나태와 게으름의 죄에
빠지지 않게 하소서!
끝없이 편리를 추구하며 수고와 인내를 배우지 않으려는
게으름의 시대정신을 본받지 않게 하소서!

 OCT 20 온유한 입술에 악한 마음은 낮은 은을 입힌 토
끼니라(26:23).

○○(이)가 겉과 속이 다른 이중적인 모습을 버리고 하
나님과 사람 앞에 정직하게 하소서!
언제나 그 마음과 입술이 일치하여 신뢰와 인정을 받는
가치 있는 삶을 살게 하소서!

OCT 21 함정을 파는 자는 그것에 빠질 것이요 돌을 굴리는 자는 도리어 그것에 치이리라(26:27).

○○(이)가 어떤 경우라도 나쁘게 행동하지 않도록 그 마음과 생각을 지켜 주소서!
엄위로우신 공의의 하나님 앞에 두려움으로 서서 선을 행하기를 더욱 힘쓰게 하소서!

OCT 22 너는 내일 일을 자랑하지 말라 하루 동안에 무슨 일이 일어날는지 네가 알 수 없음이니라 (27:1).

○○(이)가 한 치 앞도 알 수 없는 우리 인간의 무지와 한계를 인식하게 하소서!
그래서 교만과 작은 자랑까지도 다 버리고 삶의 주관자이신 하나님을 더욱 의지하게 하소서!

OCT 23 돌은 무겁고 모래도 가볍지 아니하거니와 미련한 자의 분노는 이 둘보다 무거우니라(27:3).

○○(이)의 삶이 성령의 다스림 아래에 있게 하소서! 미련함으로 그 통제를 벗어나 분노로 자신과 타인을 힘들게 하거나 괴롭히지 않게 하소서!

 OCT 24 배부른 자는 꿀이라도 싫어하고 주린 자에게는 쓴 것이라도 다니라(27:7).

○○(이)가 세상의 일시적, 현세적인 것으로 배가 불러 영원하고 참된 것에 무관심한 자가 되지 않게 하소서! 살면서 만나게 되는 문제와 결핍들이 오히려 하나님을 더욱 사모하며 순종의 자리로 나아가게 하는 은혜와 감사의 통로가 되게 하소서!

OCT 25

고향을 떠나 유리하는 사람은 보금자리를 떠나 떠도는 새와 같으니라(27:8).

우리 가정이 건강한 보금자리가 되어 ○○(이)가 평안함과 안정감 속에 성장하며 성숙하게 하소서!
깨어지고 상한 가정으로 인해 유리방황하는 청소년들을 보호하기 위한 사회적 시스템이 잘 구축되게 하소서!

OCT 26

네 친구와 네 아비의 친구를 버리지 말며 네 환난 날에 형제의 집에 들어가지 말지어다 가까운 이웃이 먼 형제보다 나으니라(27:10).

○○(이)에게 일평생 아름다운 우정을 나눌 친구와 그 우정을 지킬 수 있는 신의를 허락하소서!
환난 날에 가족처럼 함께 울어 주며 함께 짐을 져줄 이웃과 사랑의 공동체가 있는 복된 인생 되게 하소서!

OCT 27

내 아들아 지혜를 얻고 내 마음을 기쁘게 하라
그리하면 나를 비방하는 자에게 내가 대답할
수 있으리라(27:11).

○○(이)가 지혜이신 주 예수님과 인격적으로 교제하며
함께 기쁨을 나누는 자가 되게 하소서!
그래서 참 지혜를 모르고 복음을 비방하는 세상에 복음
을 전하고 그 능력을 드러내게 하소서!

OCT 28

슬기로운 자는 재앙을 보면 숨어 피하여도 어
리석은 자들은 나가다가 해를 받느니라(27:12).

○○(이)가 말씀 안에 깨어서 그럴듯한 겉모습 뒤에 숨
겨진 곳곳의 재앙들을 슬기롭게 분별하게 하소서!
그래서 숨고 피하고 멈출 줄 아는 지혜로 자신도 살고 남
도 살리는 자가 되게 하소서!

OCT 29

다투는 여자는 비 오는 날에 이어 떨어지는 물방울이라 그를 제어하기가 바람을 제어하는 것 같고 오른손으로 기름을 움키는 것 같으니라(27:15-16).

한 번 다툼이 시작되면 멈추기 쉽지 않음을 깨달아 사랑으로 먼저 인내하고 헌신하며 아름다운 가정을 만들어가는 ○○(이)가 되게 하소서!
부부가 서로 군림하거나 조종하려 들지 않고 십자가를 바라보며 먼저 죽는 자가 되게 하소서!

OCT 30

무화과나무를 지키는 자는 그 과실을 먹고 자기 주인에게 시중드는 자는 영화를 얻느니라(27:18).

○○(이)가 당장 승부를 내려는 조급한 마음을 내려놓고 과실을 얻기까지 인내하며 수고하는 자가 되게 하소서!
우리 삶의 주인이신 여호와 하나님 앞에서 아주 작은 일에도 최선을 다하며 주어진 책임을 완수하게 하소서!

OCT
31 스올과 아바돈은 만족함이 없고 사람의 눈도
만족함이 없느니라(27:20).

○○(이)의 영안을 열어 주셔서 사람의 욕망을 부추겨
죄와 사망으로 이끄는 사탄의 전략을 환히 보고 대적하
게 하소서!
○○(이)가 매일 그리스도 안에서 참 만족과 기쁨을 맛
보며 능히 세상 모든 정욕을 이기게 하소서!

11월

PROVERBS

NOV 01

악인은 쫓아오는 자가 없어도 도망하나 의인
은 사자 같이 담대하니라(28:1).

○○(이)가 주 예수의 의를 옷 입은 자로서 어떤 사탄의
공격에도 당당하게 맞서게 하소서!
복음 안에서 날마다 죄 사함의 은혜를 누리며 담대한 믿
음으로 승리의 삶 살게 하소서!

NOV 02

나라는 죄가 있으면 주관자가 많아져도 명철
과 지식 있는 사람으로 말미암아 장구하게 되
느니라(28:2).

죄로 인해 혼란한 나라를 위해 애통과 긍휼의 마음으로
기도하는 ○○(이)가 되게 하소서!
부르신 자리에서 하나님을 아는 지식과 명철로 충만하여
치유와 회복, 생명과 부흥의 통로가 되게 하소서!

가난한 자를 학대하는 가난한 자는 곡식을 남기지 아니하는 폭우 같으니라(28:3).

○○(이)가 하나님 없는 가난한 자와 그를 학대하는 참으로 가난한 자들을 외면하지 않게 하소서!
주님의 마음으로 다가가 이슬처럼, 단비처럼 스며들어 저들을 살리시고 새롭게 하시는 하나님의 기적의 역사에 동참하게 하소서!

율법을 버린 자는 악인을 칭찬하나 율법을 지키는 자는 악인을 대적하느니라(28:4).

○○(이)가 하나님을 거역하고 진리를 부인하며 악인을 칭찬하는 이 세대에 둔감해지지 않도록 그 심령을 깨워 주소서!
하나님의 말씀을 기뻐하여 마음에 채우고 행하며 적극적으로 악을 이기게 하소서!

NOV
05

악인은 정의를 깨닫지 못하나 여호와를 찾는 자는 모든 것을 깨닫느니라(28:5).

○○(이)가 여호와를 찾는 일에 힘써서 하나님께 속한 모든 것을 깨달아 알게 하소서!
○○(이)가 정의에 대한 감각이 마비된 세상에서 오직 여호와를 구하며 주의 참된 정의를 구현하는 자로 쓰임 받게 하소서!

NOV
06

가난하여도 성실하게 행하는 자는 부유하면서 굽게 행하는 자보다 나으니라(28:6).

○○(이)가 물질의 유무에 상관없이 먼저 바르고 성실한 삶의 자세를 갖추게 하소서!
많은 것을 가지고도 바르게 행하지 못하는 자가 아니라 적은 것을 가지고도 마땅히 할 바를 다 행하는 진정 부요한 자가 되게 하소서!

NOV 07

율법을 지키는 자는 지혜로운 아들이요 음식을 탐하는 자와 사귀는 자는 아비를 욕되게 하는 자니라(28:7).

○○(이)가 부지런히 하나님의 말씀을 듣고 지키는 순종의 사람 되게 하소서!
정욕을 좇는 세상과 벗하지 않고 영원한 가치에 소망을 두는 지혜로운 삶을 살아 하나님께 영광이 되고 키운 부모의 자랑이 되게 하소서!

NOV 08

중한 변리로 자기 재산을 늘리는 것은 가난한 사람을 불쌍히 여기는 자를 위해 그 재산을 저축하는 것이니라(28:8).

○○(이)가 자신을 위하여 부를 축적하지 않고 가난한 자들에게 흩고 베풀고 나누기를 힘써 행하게 하소서!
그것이 하나님이 ○○(이)에게 물질을 모아 주시는 이유임을 언제나 기억하게 하소서!

NOV 09

사람이 귀를 돌려 율법을 듣지 아니하면 그의 기도도 가증하니라(28:9).

○○(이)에게 말씀을 소중히 여기는 마음과 듣는 귀를 주옵소서!
그래서 ○○(이)가 말씀을 붙들고 주의 뜻을 따라 기도할 때 주의 응답이 쏟아지게 하소서!

NOV 10

정직한 자를 악한 길로 유인하는 자는 스스로 자기 함정에 빠져도 성실한 자는 복을 받느니라(28:10).

○○(이)를 주의 선함과 진실함으로 이끄시며 지켜 주사 결단코 악한 길에 빠지지도 다른 이를 악한 길로 이끌지도 않게 하소서!
주의 성실하심을 닮아 평생 하나님이 부어 주시는 복 안에 살게 하소서!

NOV 11

부자는 자기를 지혜롭게 여기나 가난해도 명철한 자는 자기를 살펴 아느니라(28:11).

하나님이 주신 부를 자랑하며 그것을 자기 지혜로 삼지 않고 모든 것의 주인이신 하나님께 더 가까이 나아가는 ○○(이)가 되게 하소서!

자신을 살필 줄 아는 명철과 가난한 마음을 주사 늘 겸손의 자리에 머물게 하소서!

NOV 12

의인이 득의하면 큰 영화가 있고 악인이 일어나면 사람이 숨느니라(28:12).

의인이 득의하여 큰 영화를 누리는 시대가 ○○(이)의 세대 가운데 펼쳐지도록 축복해 주소서!

악인이 득세치 못하도록 배후에 역사하는 사탄의 모든 악한 궤계를 멸하여 주소서!

NOV 13

자기의 죄를 숨기는 자는 형통하지 못하나 죄를 자복하고 버리는 자는 불쌍히 여김을 받으리라(28:13).

○○(이)에게 죄에 대한 민감성과 정직함을 주사 하나님 앞에서 죄를 숨기지 않게 하소서!
즉시로 죄를 자복하고 버려 하나님의 긍휼히 여기심을 받고 그 은혜 아래에서 형통한 자로 살게 하소서!

NOV 14

항상 경외하는 자는 복되거니와 마음을 완악하게 하는 자는 재앙에 빠지리라(28:14).

○○(이)가 항상 주를 경외하는 복된 자가 되게 하소서!
마음이 완악해지지 않도록 항상 그 마음을 말씀으로 기경하여 주소서!

NOV 15

자기의 토지를 경작하는 자는 먹을 것이 많으려니와 방탕을 따르는 자는 궁핍함이 많으리라(28:19).

○○(이)가 자신에게 주어진 삶의 터전에서 성실과 수고의 땀을 심게 하소서!
패역한 시대, 방탕한 삶에 젖지 않도록 주의 뜻과 지혜로 온전히 사로잡아 주소서!

NOV 16

충성된 자는 복이 많아도 속히 부하고자 하는 자는 형벌을 면하지 못하리라(28:20).

충성의 가치가 희귀한 시대 속에 하나님 닮은 충성이 무엇인지를 드러내는 ○○(이)가 되게 하소서!
인내와 노력 없는 부를 꿈꾸는 미련함에 빠져 죄의 노예로 살지 않도록 ○○(이)의 마음을 지켜 주소서!

NOV
17

악한 눈이 있는 자는 재물을 얻기에만 급하고 빈궁이 자기에게로 임할 줄은 알지 못하느니라(28:22).

○○(이)가 하나님과 겸하여 섬길 수 없는 재물에서 눈을 떼어 오직 하나님만 바라보게 하소서!
온갖 좋은 은사와 온전한 선물은 다 하나님이 주신다는 사실을 기억하며 언제나 하늘을 향해 시선을 두고 살게 하소서!

NOV
18

욕심이 많은 자는 다툼을 일으키나 여호와를 의지하는 자는 풍족하게 되느니라(28:25).

○○(이)가 욕심이 미움과 다툼을 일으키고 죄에 이르게 됨을 알게 하소서!
오직 여호와를 의지할 때 풍족하게 되는 삶의 원리를 붙들고 믿음으로 살게 하소서!

NOV
19

자기의 마음을 믿는 자는 미련한 자요 지혜롭게 행하는 자는 구원을 얻을 자니라(28:26).

○○(이)가 연약한 자신의 마음을 믿고 의지하려는 미련함에서 벗어나게 하소서!
늘 말씀을 가까이하며 말씀을 믿고 따름으로 언제나 우리를 구원하시는 하나님을 경험하며 살게 하소서!

NOV
20

자주 책망을 받으면서도 목이 곧은 사람은 갑자기 패망을 당하고 피하지 못하리라(29:1).

○○(이)를 순종의 영으로 덮으사 말씀을 통해 주시는 책망의 말씀을 달게 받고 즉시로 돌이키게 하소서!
예상치 못한 위기에 처할 때도 말씀 안에서 지혜를 얻고 답을 찾게 하소서!

NOV 21

지혜를 사모하는 자는 아비를 즐겁게 하여도 창기와 사귀는 자는 재물을 잃느니라(29:3).

○○(이)가 지혜이신 하나님을 사모하고 그 지혜를 따라서 행함으로 부모의 기쁨이 되게 하소서!
하나님 밖에서 만족을 찾으며 헛된 삶을 살지 않도록 언제나 주 은혜 아래에 두시고 인도하소서!

NOV 22

왕은 정의로 나라를 견고하게 하나 뇌물을 억지로 내게 하는 자는 나라를 멸망시키느니라 (29:4).

○○(이)가 왕의 자녀답게 언제나 어디서나 하나님의 정의를 사랑하고 행하게 하소서!
물질에 눈이 어두워지지 않도록 어릴 때부터 바른 가치관과 물질관을 훈련받게 하소서!

NOV 23 의인은 가난한 자의 사정을 알아주나 악인은 알아줄 지식이 없느니라(29:7).

○○(이)가 예수님의 마음을 품고 가난한 자들을 돌보며 그들을 위한 예수님의 손과 발이 되게 하소서!
자기중심성과 이기심, 죄의 둔감함에 빠지지 않도록 늘 예수님을 묵상하며 적극적으로 선을 행하게 하소서!

NOV 24 거만한 자는 성읍을 요란하게 하여도 슬기로운 자는 노를 그치게 하느니라(29:8).

○○(이)가 겸손한 마음과 자세로 속한 공동체에 잠잠히 그리스도의 은혜를 드러내게 하소서!
하나님 주시는 지혜와 슬기로 노와 분쟁이 있는 곳에 화평의 도구가 되게 하소서!

NOV 25

지혜로운 자와 미련한 자가 다투면 지혜로운 자가 노하든지 웃든지 그 다툼은 그침이 없느니라(29:9).

○○(이)가 선한 것을 이해하지 못하는 미련한 자와 얽히는 일이 없게 하소서!
미련한 자와의 다툼은 끝이 없음을 알고 주께 지혜를 구하며 피할 길을 얻게 하소서!

NOV 26

피 흘리기를 좋아하는 자는 온전한 자를 미워하고 정직한 자의 생명을 찾느니라(29:10).

○○(이)를 폭력이 가득한 세상에서 해를 당하지 않도록 늘 지켜 보호해 주소서!
의인을 향한 하나님의 주권과 사랑을 신뢰하며 온전하고 정직한 삶을 살게 하소서!

NOV
27
어리석은 자는 자기의 노를 다 드러내어도 지혜로운 자는 그것을 억제하느니라(29:11).

○○(이)가 자기감정을 다 드러낸 후 후회하는 어리석은 자가 되지 않게 하소서!
복음 안에서 삶의 쓴 뿌리와 상한 감정들이 다 해결 받고 치유되어 노를 절제하고 다스리게 하소서!

NOV
28
관원이 거짓말을 들으면 그의 하인들은 다 악하게 되느니라(29:12).

○○(이)가 성경적 가치관으로 무장하여 참과 거짓을 분별하는 신실하고 정직한 리더가 되게 하소서!
그래서 이 땅을 공평과 정의로 다스리며 백성들을 옳은 길로 인도하시는 선하신 하나님의 거룩한 통로가 되게 하소서!

NOV
29

채찍과 꾸지람이 지혜를 주거늘 임의로 행하게
버려 둔 자식은 어미를 욕되게 하느니라(29:15).

○○(이)가 채찍과 꾸지람을 달게 받아 바른 인성과 지
혜를 얻게 하소서!
임의로 행하지 않고 말씀 앞에서 자아를 부인하는 훈련
이 되어 하나님이 주신 삶의 목적과 사명을 좇아 영광스
럽고 존귀한 삶을 살게 하소서!

NOV
30

악인이 많아지면 죄도 많아지나니 의인은 그
들의 망함을 보리라(29:16).

○○(이)가 악인도 많고 죄도 많은 세상 속에서 의를 따
르는 믿음의 절개와 담대함을 갖게 하소서!
오직 하나님으로 인해 즐거워하며 인내함으로 하나님의
공의가 이루어짐을 보게 하소서!

12월

PROVERBS

DEC 01

네 자식을 징계하라 그리하면 그가 너를 평안하게 하겠고 또 네 마음에 기쁨을 주리라 (29:17).

감정과 욕심에 치우치지 않고 말씀과 기도로 자녀를 건강하게 훈육하며 근실히 징계하는 부모가 되게 하소서! ○○(이)가 바른 분별력과 선한 행실로 부모에게 큰 평안과 기쁨이 되게 하소서!

DEC 02

묵시가 없으면 백성이 방자히 행하거니와 율법을 지키는 자는 복이 있느니라(29:18).

○○(이)가 매일 말씀의 거울 앞에서 자신을 비춰보며 작은 교만까지도 낱낱이 버리게 하소서! 성령이 그 마음을 주장하사 말씀 따라 즐거이 순종하는 복된 삶을 살게 하소서!

DEC 03 종은 말로만 하면 고치지 아니하나니 이는 그 가 알고도 따르지 아니함이니라(29:19).

○○(이)가 책임감 있는 주인의식을 가지고 어디서든지 주의 빛을 드러내게 하소서!
무엇이든 아는 것으로만 만족하지 않고 삶에서 실천하고 본을 보이는 순종의 사람 되게 하소서!

DEC 04 노하는 자는 다툼을 일으키고 성내는 자는 범 죄함이 많으니라(29:22).

○○(이)가 분노의 결과는 다툼과 분열임을 알고 마음을 지키기에 힘쓰게 하소서!
성을 냄으로 범죄 하지 않고 한 번 더 참음으로 하나님의 선을 이루는 ○○(이)가 되게 하소서!

**DEC
05**

사람이 교만하면 낮아지게 되겠고 마음이 겸
손하면 영예를 얻으리라(29:23).

○○(이)가 교만이 죄임을 깨달아 교만한 본성대로 살지
않기를 힘쓰며 훈련하게 하소서!
계속해서 겸손이 ○○(이)의 마음과 몸에 스며들어 그리
스도를 닮은 성품으로 성화 되게 하소서!

**DEC
06**

사람을 두려워하면 올무에 걸리게 되거니와
여호와를 의지하는 자는 안전하리라(29:25).

○○(이)가 사람을 두려워하기보다 하나님을 두려워하
는 마음을 가지고 살게 하소서!
인간적인 계산과 처세술 대신에 여호와를 의지하기로 선
택함으로 그때마다 ○○(이)를 보호하시며 안전히 지키
시는 하나님을 경험하게 하소서!

DEC 07 불의한 자는 의인에게 미움을 받고 바르게 행하는 자는 악인에게 미움을 받느니라(29:27).

○○(이)가 불의와 타협하지 않고 의를 따를 지혜와 용기를 갖게 하소서!
바르고 의로운 삶을 세상이 미워하고 인정하지 않을 때도 위축되지 않고 담대하게 의의 길을 가게 하소서!

DEC 08 하나님의 말씀은 다 순전하며 하나님은 그를 의지하는 자의 방패시니라(30:5).

○○(이)가 순전한 하나님의 말씀을 사랑하여 매일 읽고 묵상함으로 세상의 악과 더러움에서 떠나게 하소서!
하나님의 말씀을 의지할 때 그 말씀이 ○○(이)를 지켜 주는 경험을 하게 하소서!

DEC 09

너는 그의 말씀에 더하지 말라 그가 너를 책망하시겠고 너는 거짓말하는 자가 될까 두려우니라(30:6).

말씀을 임의로 가감하며 거짓으로 사람들을 유혹하는 각종 이단과 사이비가 이 땅에서 떠나가게 하소서!
○○(이)가 정확 무오한 성경의 말씀만 그대로 받고 믿고 따르며 전하는 하나님의 사람 되게 하소서!

DEC 10

곧 헛된 것과 거짓말을 내게서 멀리 하옵시며 나를 가난하게도 마옵시고 부하게도 마옵시고 오직 필요한 양식으로 나를 먹이시옵소서(30:8).

○○(이)가 늘 주님 앞에서 정직한 영으로 진리를 좇게 하소서!
궁핍함 속에서도 흘려보낼 줄 아는 마음을 갖게 하시고, 부한 가운데서도 움켜쥐지 않게 하시며 늘 때를 따라 돕는 은혜를 경험하는 ○○(이)가 되게 하소서!

나를 가난하게도 마옵시고 부하게도 마옵시고 오직 필요한 양식으로 나를 먹이시옵소서 혹 내가 배불러서 하나님을 모른다 여호와가 누구냐 할까 하오며 혹 내가 가난하여 도둑질하고 내 하나님의 이름을 욕되게 할까 두려워함이니이다(30:8b-9).

○○(이)를 가난하게도, 부하게도 마옵시고 때를 따라 필요한 양식으로 먹여주소서!

○○(이)가 물질에 매여 하나님을 잊거나 잘못된 길로 가지 않도록, 혹은 범죄하여 비난받으며 하나님의 이름을 더럽히지 않도록 붙들어 주소서!

DEC 12

너는 종을 그의 상전에게 비방하지 말라 그가 너를 저주하겠고 너는 죄책을 당할까 두려우니라(30:10).

○○(이)가 약자의 삶에 영향을 줄 수 있는 자에게 그들에 대한 비방의 말을 삼가게 하소서!
약한 자들의 탄원과 호소에 신실히 응답하며 책임을 물으시는 하나님을 두려워하게 하소서!

DEC 13

스스로 깨끗한 자로 여기면서도 자기의 더러운 것을 씻지 아니하는 무리가 있느니라(30:12).

○○(이)가 자기 의에 빠지지 않도록 늘 진리의 말씀 앞에서 자신을 돌아보고 회개하는 삶을 지속하게 하소서!
더러운 죄악으로 가득한 세상에 거룩함을 드러내며 뭇 영혼들을 빛으로 인도하게 하소서!

DEC 14

눈이 심히 높으며 눈꺼풀이 높이 들린 무리가 있느니라(30:13).

○○(이)가 하나님이 주신 것을 마치 자기 것인양 자랑하거나 오만하지 않게 하소서!
그것을 자신을 높이고 드러내기 위해 사용하지 않고 많은 사람의 유익을 위해 널리 펴서 나누게 하소서!

DEC 15

거머리에게는 두 딸이 있어 다오 다오 하느니라 족한 줄을 알지 못하여 족하다 하지 아니하는 것 서넛이 있나니 곧 스올과 아이 배지 못하는 태와 물로 채울 수 없는 땅과 족하다 하지 아니하는 불이니라(30:15-16).

○○(이)를 주의 말씀으로 채우사 욕망을 추구하며 살도록 속삭이는 세상의 거짓 메시지에 넘어가지 않게 하소서!
○○(이)가 족하지 않은 상황도 만족하며 감사할 수 있는 복음에 합당한 삶을 살게 하소서!

DEC 16

아비를 조롱하며 어미 순종하기를 싫어하는 자의 눈은 골짜기의 까마귀에게 쪼이고 독수리 새끼에게 먹히리라(30:17).

우리 가정에 부모의 권위가 바로 세워지고 ○○(이)가 그 권위에 기꺼이 순종하게 하소서!
제대로 된 가정교육과 순종의 훈련을 받아 ○○(이)가 하나님이 약속하신 복을 받게 하소서!

DEC 17

땅에 작고도 가장 지혜로운 것 넷이 있나니 곧 힘이 없는 종류로되 먹을 것을 여름에 준비하는 개미와 약한 종류로되 집을 바위 사이에 짓는 사반과 임금이 없으되 다 떼를 지어 나아가는 메뚜기와 손에 잡힐 만하여도 왕궁에 있는 도마뱀이니라(30:24-28).

○○(이)에게 하나님의 지혜를 부어주사 악하고 거친 세상에 넘어지지 않게 하소서!
세상의 논리가 아닌 하나님이 주신 지혜로 하나님의 방법을 따라 살게 하소서!

DEC 18

만일 네가 미련하여 스스로 높은 체하였거나 혹 악한 일을 도모하였거든 네 손으로 입을 막으라(30:32).

○○(이)가 미련하여 스스로 높은 체하지 않도록 늘 성령 안에 깨어 있게 하소서!
혹여라도 악한 일에 관여하지 않도록 ○○(이)의 마음과 입술을 굳게 지켜 주소서!

DEC 19

대저 젖을 저으면 엉긴 젖이 되고 코를 비틀면 피가 나는 것 같이 노를 격동하면 다툼이 남이니라(30:33).

○○(이)가 무슨 일이든 경솔히 행동하지 않고 먼저 인과관계를 잘 살펴 신중히 행동하게 하소서!
늘 지혜롭게 자신의 감정과 상황을 다루게 하사 다른 사람의 노를 격동하여 다툼을 만드는 일이 없게 하소서!

DEC
20

네 힘을 여자들에게 쓰지 말며 왕들을 멸망시 키는 일을 행하지 말지어다(31:3).

○○(이)가 하나님이 주신 힘과 열정을 엉뚱한 데 헛되 이 사용하지 않게 하소서! 특히 자유롭고 문란한 세상의 성 문화를 거부하고 거룩 과 경건의 능력으로 주의 나라를 세우는 일에 쓰임 받게 하소서!

DEC
21

르무엘아 포도주를 마시는 것이 왕들에게 마땅 하지 아니하고 왕들에게 마땅하지 아니하며 독 주를 찾는 것이 주권자들에게 마땅하지 않도다 술을 마시다가 법을 잊어버리고 모든 곤고한 자들의 송사를 굽게 할까 두려우니라(31:4-5).

○○(이)가 왕 같은 제사장으로서의 정체성에 합당하지 않은 모든 세속적인 것을 멀리하게 하소서! 분별력과 판단력을 흐리게 만드는 술을 경계하며 오직 성령에 취해 세상을 다스리며 정복하는 ○○(이)가 되게 하소서!

DEC 22 너는 말 못하는 자와 모든 고독한 자의 송사를 위하여 입을 열지니라(31:8).

○○(이)에게 힘들고 어려운 자들을 위해 중보 할 수 있는 마음을 주소서!
자신의 이해득실에 상관없이 가난하고 연약한 자들의 편에서 그들의 형편과 처지를 대변해 줄 수 있는 사랑과 용기를 갖게 하소서!

 DEC 23 너는 입을 열어 공의로 재판하여 곤고한 자와 궁핍한 자를 신원할지니라(31:9).

다음 세대 안에 하나님의 성품을 닮은 공의로운 자들을 일으키사 하나님이 기뻐하시는 재판을 하게 하소서!
곤고하고 궁핍한 자들을 신원하여 하나님의 공의를 드러내게 하소서!

DEC 24

누가 현숙한 여인을 찾아 얻겠느냐 그의 값은 진주보다 더 하니라(31:10).

외모보다 먼저 내면의 아름다움과 영성을 가꾸는 일에 힘쓰는 우리 딸들이[○○(이)가] 되게 하소서!
내면의 가치를 중요하게 여기고 현숙함의 가치를 알아보는 우리 아들들이[○○(이)가] 되게 하소서!

DEC 25

그런 자(현숙한 여인)의 남편의 마음은 그를 믿나니 산업이 핍절하지 아니하겠으며 그런 자는 살아 있는 동안에 그의 남편에게 선을 행하고 악을 행하지 아니하느니라(31:11-12).

우리 아들들이[○○(이)가] 아내를 믿고 사랑하며 아름답고 풍요로운 가정을 이루게 하소서!
우리 딸들이[○○(이)가] 현숙한 여인이 되어 사랑과 헌신으로 남편을 섬기며 가정을 세우게 하소서!

DEC 26

그는 곤고한 자에게 손을 펴며 궁핍한 자를 위하여 손을 내밀며 자기 집 사람들은 다 홍색 옷을 입었으므로 눈이 와도 그는 자기 집 사람들을 위하여 염려하지 아니하며(31:20-21).

○○(이)가 하나님의 마음으로 곤고하고 궁핍한 자들을 외면하지 않고 적극적으로 돕게 하소서!
식구들을 영적, 정서적, 육체적으로 살뜰하게 챙겨 삶의 어떤 문제 앞에서도 이들로 인해 염려나 걱정이 없게 하소서!

DEC 27

능력과 존귀로 옷을 삼고 후일을 웃으며 (31:25).

○○(이)가 매 순간 주를 바라보고 의지함으로 능력과 존귀의 옷을 입게 하소서!
현재 상황에서 눈을 들어 항상 하나님 바라보며 나아가 다가올 미래를 소망 중에 기대하게 하소서!

DEC 28 입을 열어 지혜를 베풀며 그의 혀로 인애의 법을 말하며(31:26).

○○(이)의 내면을 주의 말씀과 지혜로 가득 채워 입만 열면 지혜가 쏟아지게 하소서!
그 입의 말로 사랑하는 배우자와 자녀들을 격려하고 인정하며 건강하게 세우게 하소서!

 DEC 29 자기의 집안일을 보살피고 게을리 얻은 양식을 먹지 아니하나니(31:27).

○○(이)가 많은 일 중에서도 집안일과 자녀 양육을 최우선으로 삼게 하소서!
또한 분명한 삶의 원칙을 가지고 자녀를 훈육하여 자녀들이 마땅히 먹을 양식을 위해 힘써 일하게 하소서!

DEC 30

고운 것도 거짓되고 아름다운 것도 헛되나 오직 여호와를 경외하는 여자는 칭찬을 받을 것이라(31:30).

○○(이)가 고운 것, 아름다운 것으로 현혹하는 세상의 거짓과 헛됨을 좇아가지 않게 하소서!
○○(이)의 시선이 언제나 주를 향해 있어서 주께 칭찬받는 믿음의 삶 살게 하소서!

DEC 31

그 손의 열매가 그에게로 돌아갈 것이요 그 행한 일로 말미암아 성문에서 칭찬을 받으리라(31:31).

가정을 위해 수고하고 헌신한 자의 손을 그 열매로 가득 채우시는 하나님의 축복을 온전히 받아 누리는 ○○(이)가 되게 하소서!
또한 속한 가정과 가문, 교회와 사회, 공동체 안에서 그 행한 일로 인해 칭찬받고 인정받는 존귀한 ○○(이)의 인생이 되게 하소서!